制度、名物与史事沿革系列

学校史话

A Brief History of Schools in China

樊克政 / 著

社会科学文献出版社
SOCIAL SCIENCES ACADEMIC PRESS (CHINA)

图书在版编目（CIP）数据

学校史话/樊克政著.—北京：社会科学文献出版社，2011.12
（中国史话）
ISBN 978-7-5097-2800-0

Ⅰ.①学… Ⅱ.①樊… Ⅲ.①学校教育-教育史-中国 Ⅳ.①G529

中国版本图书馆 CIP 数据核字（2011）第 216107 号

"十二五"国家重点出版规划项目

中国史话·制度、名物与史事沿革系列

学校史话

著　者／樊克政

出 版 人／谢寿光
出 版 者／社会科学文献出版社
地　　址／北京市西城区北三环中路甲 29 号院 3 号楼华龙大厦
邮政编码／100029

责任部门／人文科学图书事业部（010）59367215
电子信箱／renwen@ssap.cn
责任编辑／高世瑜
责任校对／黄　丹
责任印制／岳　阳
总 经 销／社会科学文献出版社发行部
　　　　　（010）59367081　59367089
读者服务／读者服务中心（010）59367028

印　　装／北京画中画印刷有限公司
开　　本／889mm×1194mm　1/32　印张／5.75
版　　次／2011 年 12 月第 1 版　字数／112 千字
印　　次／2011 年 12 月第 1 次印刷
书　　号／ISBN 978-7-5097-2800-0
定　　价／15.00 元

本书如有破损、缺页、装订错误，请与本社读者服务中心联系更换
▲ 版权所有　翻印必究

《中国史话》
编辑委员会

主　　任　陈奎元

副 主 任　武　寅

委　　员　(以姓氏笔画为序)
　　　　　　卜宪群　王　巍　刘庆柱
　　　　　　步　平　张顺洪　张海鹏
　　　　　　陈祖武　陈高华　林甘泉
　　　　　　耿云志　廖学盛

总 序

中国是一个有着悠久文化历史的古老国度，从传说中的三皇五帝到中华人民共和国的建立，生活在这片土地上的人们从来都没有停止过探寻、创造的脚步。长沙马王堆出土的轻若烟雾、薄如蝉翼的素纱衣向世人昭示着古人在丝绸纺织、制作方面所达到的高度；敦煌莫高窟近五百个洞窟中的两千多尊彩塑雕像和大量的彩绘壁画又向世人显示了古人在雕塑和绘画方面所取得的成绩；还有青铜器、唐三彩、园林建筑、宫殿建筑，以及书法、诗歌、茶道、中医等物质与非物质文化遗产，它们无不向世人展示了中华五千年文化的灿烂与辉煌，展示了中国这一古老国度的魅力与绚烂。这是一份宝贵的遗产，值得我们每一位炎黄子孙珍视。

历史不会永远眷顾任何一个民族或一个国家，当世界进入近代之时，曾经一千多年雄踞世界发展高峰的古老中国，从巅峰跌落。1840年鸦片战争的炮声打破了清帝国"天朝上国"的迷梦，从此中国沦为被列强宰割的羔羊。一个个不平等条约的签订，不仅使中国大量的白银外流,更使中国的领土一步步被列强侵占,国库亏空,民不聊生。东方古国曾经拥有的辉煌,也随着西方列强坚船利炮的轰击而烟消云散,中国一步步堕入了半殖民地的深渊。不甘屈服的中国人民也由此开始了救国救民、富国图强的抗争之路。从洋务运动到维新变法,从太平天国到辛亥革命,从五四运动到中国共产党领导的新民主主义革命,中国人民屡败屡战,终于认识到了"只有社会主义才能救中国,只有社会主义才能发展中国"这一道理。中国共产党领导中国人民推倒三座大山,建立了新中国,从此饱受屈辱与蹂躏的中国人民站起来了。古老的中国焕发出新的生机与活力,摆脱了任人宰割与欺侮的历史,屹立于世界民族之林。每一位中华儿女应当了解中华民族数千年的文明史,也应当牢记鸦片战争以来一百多年民族屈辱的历史。

当我们步入全球化大潮的21世纪,信息技术革命迅猛发展,地区之间的交流壁垒被互联网之类的新兴交流工具所打破,世界的多元性展示在世人面前。世界上任何一个区域都不可避免地存在着两种以上文化的交汇与碰撞,但不可否认的是,近些年来,随着市场经济的大潮,西方文化扑面而来,有些人唯西方为时尚,把民族的传统丢在一边。大批年轻人甚至比西方人还热衷于圣诞节、情人节与洋快餐,对我国各民族的重大节日以及中国历史的基本知识却茫然无知,这是中华民族实现复兴大业中的重大忧患。

中国之所以为中国,中华民族之所以历数千年而不分离,根基就在于五千年来一脉相传的中华文明。如果丢弃了千百年来一脉相承的文化,任凭外来文化随意浸染,很难设想13亿中国人到哪里去寻找民族向心力和凝聚力。在推进社会主义现代化、实现民族复兴的伟大事业中,大力弘扬优秀的中华民族文化和民族精神,弘扬中华文化的爱国主义传统和民族自尊意识,在建设中国特色社会主义的进程中,构建具有中国特色的文化价值体系,光大中华民族的优秀传统文化是一件任重而道远的事业。

当前,我国进入了经济体制深刻变革、社会结构深刻变动、利益格局深刻调整、思想观念深刻变化的新的历史时期。面对新的历史任务和来自各方的新挑战,全党和全国人民都需要学习和把握社会主义核心价值体系,进一步形成全社会共同的理想信念和道德规范,打牢全党全国各族人民团结奋斗的思想道德基础,形成全民族奋发向上的精神力量,这是我们建设社会主义和谐社会的思想保证。中国社会科学院作为国家社会科学研究的机构,有责任为此作出贡献。我们在编写出版《中华文明史话》与《百年中国史话》的基础上,组织院内外各研究领域的专家,融合近年来的最新研究,编辑出版大型历史知识系列丛书——《中国史话》,其目的就在于为广大人民群众尤其是青少年提供一套较为完整、准确地介绍中国历史和传统文化的普及类系列丛书,从而使生活在信息时代的人们尤其是青少年能够了解自己祖先的历史,在东西南北文化的交流中由知己到知彼,善于取人之长补己之短，在中国与世界各国愈来愈深的文化交融中，保持自己的本色与特色，将中华民族自强不息、厚德载物的精神永远发扬下去。

《中国史话》系列丛书首批计200种，每种10万字左右，主要从政治、经济、文化、军事、哲学、艺术、科技、饮食、服饰、交通、建筑等各个方面介绍了从古至今数千年来中华文明发展和变迁的历史。这些历史不仅展现了中华五千年文化的辉煌，展现了先民的智慧与创造精神，而且展现了中国人民的不屈与抗争精神。我们衷心地希望这套普及历史知识的丛书对广大人民群众进一步了解中华民族的优秀文化传统，增强民族自尊心和自豪感发挥应有的作用，鼓舞广大人民群众特别是新一代的劳动者和建设者在建设中国特色社会主义的道路上不断阔步前进，为我们祖国美好的未来贡献更大的力量。

2011年4月

⊙ 樊克政

作者小传

　　樊克政,山西沁水人。1942年生于郑州,1963年毕业于西北大学历史系。中国社会科学院历史研究所研究员。独著有《龚自珍生平与诗文新探》《中国书院史》《龚自珍年谱考略》等,合著有《中国近代哲学史》、《中国思想史纲》、《宋明理学史》等。

目 录

一　中国学校的起源 …………………………… 1
　1. 原始社会末期学校的萌芽 ………………… 1
　2. 文献记载中的夏代学校 …………………… 3
　3. 商代的学校 ………………………………… 4

二　西周的学校 ………………………………… 7
　1. 西周的学制 ………………………………… 7
　2. 西周学校的教师与教育内容 ……………… 8
　3. 西周学校的管理制度 ……………………… 10

三　春秋时期的学校 …………………………… 13
　1. 官学的衰落 ………………………………… 14
　2. 私学的兴起 ………………………………… 15

四　战国时期的学校 …………………………… 18
　1. 私学的进一步发展 ………………………… 19
　2. 齐国的稷下学宫 …………………………… 21

五 秦汉时期的学校 ………………………… 25
1. 秦代的吏师制度 ……………………………… 25
2. 汉代的学校 …………………………………… 27

六 魏、晋、南北朝时期的学校 ……………… 39
1. 三国时期的学校 ……………………………… 39
2. 两晋时期的学校 ……………………………… 41
3. 十六国时期的学校 …………………………… 43
4. 南北朝时期的学校 …………………………… 45

七 隋、唐、五代十国时期的学校 …………… 53
1. 隋代的学校 …………………………………… 53
2. 唐代的学校 …………………………………… 55
3. 五代十国时期的学校 ………………………… 65

八 宋代的学校 …………………………………… 68
1. 宋代的官学 …………………………………… 68
2. 宋代的私学 …………………………………… 77
3. 宋代的书院 …………………………………… 78

九 辽代、西夏、金代的学校 ………………… 85
1. 辽代的学校 …………………………………… 85
2. 西夏的学校 …………………………………… 86
3. 金代的学校 …………………………………… 88

十　元代的学校 …………………………………… 91
1. 元代的官学 …………………………………… 91
2. 元代的私学 …………………………………… 96
3. 元代的书院 …………………………………… 97

十一　明代的学校 ………………………………… 100
1. 明代的官学 …………………………………… 100
2. 明代的私学 …………………………………… 107
3. 明代的书院 …………………………………… 108

十二　清代的学校（上）………………………… 113
1. 鸦片战争前的清代官学 ……………………… 113
2. 鸦片战争前的清代私学 ……………………… 121
3. 鸦片战争前的清代书院 ……………………… 123

十三　清代的学校（下）………………………… 128
1. 两次鸦片战争期间的学校 …………………… 128
2. 洋务运动时期的学校 ………………………… 131
3. 维新运动时期的学校 ………………………… 137
4. 义和团运动后的学校 ………………………… 141

结束语 ……………………………………………… 155

参考书目 …………………………………………… 159

一　中国学校的起源

1. 原始社会末期学校的萌芽

中国是人类文明发展最早的国家之一，也是人类历史上学校出现较早的国家之一。

自1927年在北京周口店龙骨山洞穴内发现举世闻名的北京猿人遗址以来，迄今为止，在陕西、云南、湖北、河南、安徽、山东、江苏等省，也都曾有猿人遗址发现。正是这些远古文化的宝贵遗迹，使我们得以撩起洪荒时代的历史帷幔，清晰地看到原始先民那一幕幕在劳动与生活的同时，还进行原始教育活动的图景：

遍布砾石的河滩上，他们一边打磨石块，一边向孩子们讲解怎样才能将石块制成刮削器、砍砸器与尖状器等劳动工具。

冈峦起伏的山林间，他们一边采集野生植物的果实或根茎，一边告诉孩子们哪些果实或根茎可以食用，哪些则不能食用。

灌木丛生的原野上，他们一边围猎野兽，一边教孩子们如何投掷石器，如何进行追捕。

昏暗潮湿的洞穴里，他们一边用火烧烤食物，一边对孩子们讲解火的用途以及怎样保存火种。

中国远古时期的教育与原始社会相伴而生，许多生产劳动技巧与生活经验，以口传目染的方式一代一代地延续着。中国历史在数万年前从原始人群逐渐过渡到母系氏族公社，随后，约5000年前，黄河和长江流域的一些氏族开始进入父系氏族公社时期。与此同时，适应原始社会生产与生活需要的教育也在缓慢地发展着。由于当时生产力水平低下，教育也具有原始性的特点，内容与形式都极为简单，不存在专门从事教育的人员与机构。同时，当时的教育也没有阶级性。

随着社会继续向前发展，教育终于从社会生产与社会生活的"母体"中分离出来，成为一种独立的社会活动。这一变化的标志就是学校的产生。

促使学校产生的历史条件主要有以下几点：一是由于社会生产力提高后，有了足够的剩余生产品，使一部分人有可能脱离生产劳动，专门从事教育与学习活动；二是由于文字的创造与文化知识的长期积累，人们的学习有了更为便利的条件与充实的内容；三是由于阶级对立的形成，统治阶级迫切需要培养本阶级的继承人，并加强对被统治阶级的思想统治。显而易见，具备以上条件，只能是在中国的奴隶制社会出现以后。

不过，从中国古籍中所记载的关于"五帝"（有三种说法，其中一说为黄帝、颛顼、帝喾、唐尧、虞舜）时代亦即中国原始社会末期，已有被称为"成均"的大学，虞舜时已有被称为"上庠（音xiáng）"、"下庠"的大学与小学的传说来看，中国原始社会末期已有了学校的萌芽。据考证，"五帝"时代的"成均"以乐教为主要内容（参见刘师培《学校原始论》）。这说明在原始社会末期，音乐教育已开始从社会生产与社会生活中分离出来，具有了某些专门化的趋向。那么，有关"成均"的传说显然反映了中国学校教育的一种萌芽。又如《礼记》中谈到，虞舜时的"庠"，同时还是藏米与养老的处所（参见《礼记·明堂位》、《礼记·王制》）。这种记述可理解为，在原始社会末期，已有了较为固定的从事教育活动的场所，并由在那里养老的老人兼做教育下一代的工作。这种较为固定的从事教育活动的场所，同样是后来学校的萌芽。

② 文献记载中的夏代学校

大约在公元前21世纪，夏部落建立了中国历史上第一个奴隶制王朝——夏朝。夏朝时期，中国已处于青铜器时代，生产力比以前有了很大提高。在文化方面，从商代后期的汉字已达到的那种基本成熟程度推测，夏代已有了较为原始的文字。在《礼记·礼运》所引用的孔子的话中，曾经提到他见过有关夏代天文历法知识的书籍——《夏时》。这也说明，夏代已进入有文字记载的历史时期。此外，随着阶级对立的日益加剧，代表奴隶主阶级利益的夏朝国家机构渐趋强化。以上这些都意味着夏代至少已初步具备了产生学校的客观历史条件。

关于夏代的学校，古代文献中有明文记载。如《礼记·明堂位》在谈到周代以前的学校时说："序，夏后氏（指夏朝）之序也。"《孟子·滕文公上》在谈到夏、商、周三代的学校时说："夏曰校，殷曰序，周曰庠。"孟子还曾说过，三代的学校，"皆所以明人伦也"（《孟子·滕文公上》）。由此看来，夏代"序"、"校"的首要内容是进行有关尊卑等级的政治伦理教育，这是夏代已进入阶级社会，教育已具有阶级性的反映。为适应统治者通过征战掠夺战俘充当奴隶和镇压奴隶反抗的需要，军事教育也成为夏代学校的教育内容之一。《孟子·滕文公上》中的"序者，射也"说的就是练习射箭的军事训练，是"序"的重要教育内容。

目前，我们对有关夏代学校问题的认识依据还仅限于文献资料。这类文献资料表明，夏代已建立了我国最早的学校，所谓夏代的"序"、"校"就是奴隶制学校教育的雏形。关于夏代学校的真实情况，还有待于地下出土文物的发现和考证。

3 商代的学校

约在公元前17世纪，商汤起兵灭夏，建立了我国历史上第二个奴隶制王朝——商朝。由于商朝第二十王盘庚于公元前14世纪中叶迁都于殷（今河南安阳），所以，商朝又称殷或殷商。

商代是我国奴隶制社会进一步发展的时期。这一时期，农业、畜牧业与手工业都比较发达，社会经济呈现出前所未有的繁荣局面。科学文化知识也更加丰富，不仅有了较为完善的历法（月有大月、小月，并设置闰月），而且在甲骨卜辞中有不少关于日蚀、月蚀等天象的记录。尤其值得一提的是，我国的汉字发展到商代后期已进入基本成熟阶段。由于阶级对立的加深，商朝的国家机构也比夏朝更加完备。所有这些都表明，到了商代，学校教育赖以产生的客观条件已完全成熟。

不仅如此，从已出土的商代甲骨卜辞中还可看到"学"、"教"、"师"等字，并可看到有关占卜建学地点、上学是否遇雨以及教学内容等方面的记录。这充分证明，商代确实存在学校这种从事教学活动的场所。

商代的学校有以下几种：

一是"庠"。《汉书·儒林传序》所载公孙弘与太常博士臧平等在谈到三代的学校时曾提到："殷曰庠"；在商代甲骨卜辞中也已发现了"庠"字，说明"庠"在商代的存在是不容置疑的。

二是"序"。《孟子·滕文公上》在谈及三代学校时曾说："殷曰序"。

三是"瞽（音 gǔ）宗"。《礼记·明堂位》载："瞽宗，殷学也。"瞽宗是殷代由乐师瞽矇所主持，进行祭祀的地方。由于殷人重视祭礼，而祭祀时要用乐舞,所以瞽宗也是传授礼乐的场所。

另外,据古籍记载,商代已有了大学与小学的区分。如《礼记·明堂位》载:"殷人设右学为大学,左学为小学"。值得注意的是,在商代甲骨卜辞中已经发现了"大学"的名称。据此推想,商代的学校教育也应当还有小学教育。

商代学校的教育对象主要是奴隶主贵族子弟。为了把他们培养成材,以利于巩固统治,商代学校教育的主要任务是进行"明人伦"的政治伦理教育。此外,商代学校的教育内容还有宗教、祖先崇拜、军事、一般文化知识以及上面提到的礼乐教育等。

二 西周的学校

公元前1027年,周武王率兵伐纣灭商,建立了周朝。由此到公元前771年周幽王被犬戎所杀为止,史称西周。西周时期是中国奴隶制社会的鼎盛时期。这一时期,社会经济比商代更加繁荣。政治上,由于实行了以宗法制为基础的分封制,奴隶主阶级的统治进一步强化。与此同时,西周统治者还加强了对广大奴隶的思想统治。在这样的历史条件下,学校教育有了显著的发展。

1 西周的学制

这一时期,学校教育的发展突出地表现为:初步形成了一套学制系统。

西周的学校分为国学与乡学两类。

国学主要为奴隶主贵族子弟设立,按照学生的入学年龄与文化程度的高低,分为大学与小学两级。大学又分为两种,即天子设于王城近郊的大学与诸侯设于所在国都的大学。天子设立的大学规模较大,分为五学。中间的以"辟雍"命名,又称太学,周围有水环绕。其他四学分设四周:水南为"成均",取传说中五帝时的学名,又名南学;水北为"上庠",取传说中虞舜时的学名,又名北学;水东为"东胶",取文献中所载夏代的学制,又名"东序"、东学;水西为"西雍",取商代的学制,又名"瞽宗"、西学。五学中以辟雍为尊,所以,西周天子所设的大学又统称为"辟雍"。诸侯设立的大学,规模较为简单,仅有一学。因为周围只有一半的地方有水绕过,所以称为"泮(音pàn)宫",亦称"頖宫"。这里明显地反映出西周学校教育的等级制。

乡学是按照地方行政区域的大小,为一般奴隶主与部分庶民子弟设立的,仅设一级,名称有校、序、庠、塾之类。这类学校在各级地方组织如何设置,文献中其说不一。如:有的文献认为校设于乡,序设于州,庠设于党(周制,500家为党),塾设于族(周制,100家为族。参见毛奇龄《学校说》)。有的文献则认为序不仅设于州,也设于党;塾不是设于族,而是设于闾(周制,25家为闾。参见段玉裁《经韵楼集·与顾千里论学制备忘之记》)。

西周学校的教师与教育内容

中国奴隶制学校教育的一个重要特点是"学在官府",官师合一。当时,知识为奴隶主贵族所垄断,典章文物均藏于官府,不做某种官吏便不可能通晓某种知识。人们要学习某种知识，只能去向有关的官吏学习。从而呈现出一种官即是师，师即是官，政教不分的局面。这种状况在西周时期的主要表现是：（1）国学教官由大乐正（乐官之长）总其成，下设小乐正、大胥、小胥、龠（音 yuè）师、龠师丞、太傅、少傅、师氏、保氏等职各负其责。他们当中多数都是乐官，而且都以在职官员的身份兼任国家教师。（2）乡学教师由乡师、乡大夫、州长、党正等地方各级行政长官兼任，并由中央的大司徒（掌管土地与地方教育之官）总其成。同时，也有原为大夫与士的"致仕"（退休）官员担任乡学教师，他们分别被称为"父师"与"少师"。

在教育内容方面，西周学校也以"明人伦"为重点。无论国学还是乡学都以"六艺"为主要教育内容，所谓"六艺"，即礼、乐、射、御、书、数。礼是政治伦理课，包括政治、历史、宗法、道德、礼节等方面的教育；乐是艺术教育课，包括音乐、诗歌、舞蹈等方面的教育；射与御是军事体育课，包括射箭、驾驭战车等方面的教育；书、数是基础文化知识课，包括识字、写字、数学等方面的教育。其中，礼、乐、射、御为"大艺"，是大学阶段的主要学习科目；书、数为"小艺"，是小学阶段的主要学习科目。

除"六艺"外，国学还有"三德"（三项道德标准，即至德、敏德、孝德）、"三行"（三种行为规范，即孝行、友行、顺行）、"六仪"（六种礼仪，即祭祀之容、宾客之容、朝廷之容、丧纪之容、军旅之容、车马之容）诸项教育内容；乡学还有"六德"（六项道德标准，即知、仁、圣、义、忠、和）、"六行"（六种行为规范，即孝、友、睦、姻、任、恤）的教育内容。

3 西周学校的管理制度

西周时期，初步建立了学校管理制度。

首先是有关入学年龄与修业年限的规定。西周学校的入学年龄因学生身份的不同而有所差别。如王太子8岁入小学，15岁入大学；公卿、大夫与元士（周代称天子之士为元士，以区别于诸侯之士）的嫡长子13岁入小学，20岁入大学。这种入学年龄的差异是西周宗法等级制度在学校教育领域的一种具体体现。至于修业年限，史籍中没有明文记载，一般认为小学为7年，大学为9年。

其次是有关考查与奖惩的制度。西周大学的学生在入学后，每隔一年要考查一次。第一年考查他们能否分辨经籍的句读，明确学习志向；第三年考查他们能否专心致志于学业，乐于与同学互相切磋；第五年考查他们能否广泛学习，热爱师长；第七年考查他们能否论说学问的是非，并择善而友。如能达到以上要求，叫做"小成"。第九年则考查他们能否推理论事，触类旁通，以及能否遇事明辨不疑，而不违背老师的教诲。如能达到要求，叫做"大成"。到了第九年学业结束时，教官小胥、大胥、小乐正，要将考查中所发现的不服从教导的学生的情况，向大乐正报告，大乐正再报告于王。王则命三公、九卿、大夫与元士都到学校中去习礼，以感化他们。如不改正，王亲自视学，以示警告。如仍不改正，就将他们流放到远方，终身不予录用。对于经过9年学习学业优秀者，大乐正要将他们的情况报告于王，并推荐给司马（掌管军政、军赋之官），称为进士。司马将进士中的贤才报告于王，然后委任以官职，并授以爵位和俸禄。

乡学也有考查与奖惩的措施。具体做法是：由乡大夫将乡学中德行（道德品行）、道艺（学业技能）好的学生推荐给司徒，称为选士。司徒命选士中的优秀者升入大学，称为俊士。无论选士还是俊士，都可免除其本应承担的徭役，并称为造士。而对于乡学中不服从教导的学生，则先由乡大夫报告司徒，然后司徒命乡中耆（音 qí）老（指德行高尚受人尊敬的老人）集合于乡学中，通过习礼来感化他们。如不改变，原在国都右面乡学学习的迁往左面的乡学，原在国都左面乡学学习的迁往右面的乡学。再不改变，从乡学迁往郊学（在乡界以外）。仍不改变，从郊学迁往遂学（在国都的远郊）。终不改变，也同大学中那些不服从教导的学生一样，流放到远方，终身不予录用。

再次是有关视学的制度。西周统治者很重视学校教育，每年天子都要亲往大学视察4次。这种视学制度是与养老制度结合在一起的，并且有隆重的仪式。据记载：视学那天的黎明，首先由大胥击鼓，将学生召集到一起。天子到来以后，命官吏举行祭祀先师先圣的"释奠"礼（以酒食等进行祭祀的一种典礼）。

第二天，接着举行祭祀先老（先世长老）的"释奠"礼，由天子亲自行礼。然后举行宴会，请三老五更（指年老德高、阅历丰富的退休官员）和一般老人各就其位，给他们敬酒歌诗，奏乐献舞。同时即席向老人们乞求善言，并相互谈论有关处理父子、君臣、长幼等方面关系的伦理道德问题。这种视学与养老相结合的制度，既是为了显示西周统治者尊老重教的思想，也是为了使学生们在潜移默化中受到宗法观念的教育。

此外，还有关于大学开学时要举行"释菜"礼（以苹藻等进行祭祀的一种典礼，较"释奠"礼为轻），以及大学一年四季课程安排的规定等。

以上西周学校的管理制度连同前述学制系统与"六艺"教育等，对中国后来2000多年封建社会的学校教育有着深远的影响。

三　春秋时期的学校

从公元前770年周平王自镐京东迁洛邑到公元前476年，是中国历史上的春秋时期。这一时期，是中国奴隶制社会向封建社会转变的时期。在这一时期里，由于铁制工具的逐渐推广与牛耕的广泛使用，农业生产力显著提高，不少奴隶主在驱使奴隶耕种公田（属代表奴隶主国家的周王所有）的同时，还强迫奴隶开辟荒地，作为私田，并逐步把公田也变为自己的私有财产，从而使中国奴隶制社会占主导地位的土地所有制形式——井田制日趋解体。针对这种形势，各诸侯国的统治者为了维护自身的利益，陆续进行了一些改革，废除井田制，改变赋税制度，承认私田的合法性。这种改革加速了奴隶制分崩离析的进程，成为促进封建制生产关系形成的催化剂。与此同时，政治领域也出现了急剧变化。诸侯国与王室之间的斗争、诸侯国相互之间的斗争、各国卿大夫的"私家"（他们一般代表新兴地主阶级的利益）与"公室"（王室、诸侯）之间的斗争都愈演愈烈。另外，连绵不断的奴隶起义与"国人"暴动对奴隶主阶级的沉重打击，不仅大大削弱了奴隶主阶级的统治势力,使王权日益衰落,而且使奴隶制的等级制遭到破坏,出现了"礼崩乐坏"的局面。与上述经济、政治领域的变化相适应,学校教育领域也势必产生变化,这种变化最主要的表现就是官学的衰落与私学的兴起。

1 官学的衰落

春秋时期,社会正处于大变动之中,王室、诸侯都忙于征战,无暇顾及学校。另外,奴隶主贵族随着自身在政治上的没落,已完全丧失了进取精神,对学习缺乏兴趣。所以,在这一时期,原本由奴隶主国家所设立的官学亦即国学与乡学自然趋于衰落。例如,《毛诗·子衿序》中曾明确指出,当时出现了"学校不修"的状况。对于这种状况,有的奴隶主贵族公开声言:"可以无学,无学不害。"(《左传》昭公十八年)这就是说,可以不学习,不学习也没有什么害处。这种言论愈发加快了官学衰落的进程。

这一时期,各诸侯国官学衰落的进程并不均衡。例如,鲁僖公在位时,就曾修过鲁国的泮宫(参见《毛诗·泮水序》)。郑国的子产也曾阻止过毁废乡校的意见付诸实施(参见《左传》襄公三十一年)。但这些都只是个别的事例,并不能使官学衰落的总趋势有所好转。另外,还应看到,这一时期,官学的衰落并不等于贵族子弟教育的完全停顿。事实上,这一时期,各诸侯国的统治者为了政权的延续,设置了"保"、

"傅"之官以教育其王子、太子。在有的诸侯国里，还设置有"公族大夫"，以负责对公卿子弟的教育工作。

2 私学的兴起

春秋时期，私学之所以兴起，主要与以下三个方面的具体原因有关：

第一，在官学衰败的形势下，诸侯国的统治者所设保傅、公族大夫等官，只能解决少数贵族统治者子弟的教育问题，至于一般奴隶主、新兴地主阶级与庶民的子弟的教育问题，仍旧无法解决。这是私学兴起的根本原因。

第二，由于社会动荡、"礼崩乐坏"，不少周王室的文化官员流落四方。例如《论语·微子》中就曾谈到：名叫挚、干、缭、缺的4位乐师分别逃到齐国、楚国、蔡国、秦国；打鼓的方叔逃到黄河之滨；摇小鼓的武逃到汉水一带；少师（此指协助太师辅导太子的教官）阳和击磬的襄逃到海边。这类脱离王室的原文化官员自然会将一部分本为奴隶主贵族所垄断的文物典籍携带到民间。同时，也有不少奴隶主贵族因阶级分化而下降为庶民，以致他们所掌握的文化知识也随之扩散到民间。这些都为私学在民间的产生创造了条件。

第三，私学的兴起与士阶层的出现以及养士之风也有着十分密切的关联。春秋时期，随着奴隶制走向崩溃与封建制生产关系的产生，出现了一个与农、工、商并列为"四民"的士阶层。这是一个脱离体力劳动,专门从事脑力劳动,并以精神产品换取生活资料的社会阶层。他们在社会上四处活动,成为一支不可忽视的力量,使各国诸侯为了在列国相争中立于不败之地,不能不重视养士的问题。因此,养士之风开始兴起。在这种局面下,士阶层中的人们为了壮大自己的势力,扩大自己的社会影响,自然需要通过办学来培养自己的继承人,这就必然会促进私学的兴起。

春秋时期兴办私学,从事讲学授徒活动的名师有郑国邓析(约前545～前501)、鲁国孔子(前551～前479)和少正卯(？～前496)等人。其中,以孔子所办的私学最为著名。孔子名丘,字仲尼,鲁国陬(音zōu)邑(今山东曲阜)人,是中国古代的大思想家、大教育家,儒家学派的创始人。他的先世原为宋国的贵族,因内乱而出奔鲁国。父亲孔纥(音hé),是一名武士。孔子3岁丧父,家境清贫。他自幼好学,深受鲁国所保存的中国古代文化的熏陶。他年轻时做过管理仓库与管理畜牧的小官。大约在30岁左右,开始从事创办私学的活动。50多岁时,一度在仕途上春风得意,相继做过鲁国的中都宰、司空与司寇,不久去职,率领弟子们周游列国14年,直到68岁高龄,才重返鲁国。此后,他专心著述,并继续聚徒讲学。他一生的主要精力都倾注于私学教育与整理古代文献活动。相传从他受业的弟子,达3000人之多,其中精通六艺的有72人。他所办的私学,以"有教无类"(《论语·卫灵公》）为办学方针，学生没有身份、年龄、地域的限制：既有贵族子弟，也有庶民子弟；既有与他年龄相差很大的，也有与他年龄相近的；既有鲁国与齐国人，也有卫、晋、蔡、秦、薛、吴、楚等诸侯国的人。在教育内容方面，他尤为重视伦理道德的教育，以礼、乐、射、御、书、数六艺为主要教学科目，以《诗》、《书》、《礼》、《乐》、《易》、《春秋》六经为基本教材。由于他始终以"学而不厌，诲人不倦"的精神从事私学教育工作，因而与弟子们结下了深厚的情谊。在他去世后，全体弟子自动为他服丧三年。有些人还在他的墓旁定居下来，形成了一个被称为"孔里"的居住区。他所办的私学不仅在当时规模最大，存在的时间长（有40多年），而且对后世影响也最为广泛。因此，他被公认为中国私学的创始人。

以孔门私学为代表的春秋时期私学的兴起，在中国教育史上具有重要意义。首先，私学的兴起打破了"学在官府"的局面，使教育从官府中分离出来，成为独立的专业。与此同时，教师与官吏相分离，成了一种社会职业。其次，私学的兴起也冲破了"礼不下庶人"的束缚，扩大了学校教育的对象，培养了大批人才，从而促进了社会经济、政治和文化的发展。再次，私学的兴起还丰富了中国的教育和教学经验，对以后的教育发展史产生了深远的影响。

四　战国时期的学校

从公元前475年到前221年秦统一以前,在长期兼并战争中所形成的魏、赵、韩、齐、楚、秦、燕七大诸侯国之间,战争连绵不断,历史上称为战国时期。这一时期是中国封建制度确立的时期。从政治上讲,一方面,经过自春秋以来复杂而激烈的斗争,到了这一时期,新兴地主阶级在各大诸侯国内陆续建立了自己的政权,并相继进行了旨在破除奴隶制,发展封建制的社会改革;另一方面,没落的奴隶主贵族残余势力在各国仍不同程度地存在着,他们千方百计地破坏和阻挠改革的进行,向新兴地主阶级进行了猛烈反扑。在楚、秦两国分别推行变法并取得显著成效的吴起、商鞅,都是被旧贵族残酷杀害的。从经济上讲,这一时期,封建制生产关系已居于主导地位,并以奴隶制生产关系所不能比拟的优越性促进着生产力迅速向前发展,但奴隶制的残余仍到处可见。与此同时,这一时期又是刚刚诞生的中国封建制社会从诸侯割据走向统一的中央集权国家的时期。各大诸侯国都力图囊括四海,建立大一统的封建王朝。在这个社会矛盾错综复杂、新旧势力拼死相搏的历史大变革时代里,各种社会力量以前所未有的激烈程度进行着反复较量。这一切,必然会在学校教育领域产生鲜明的反映。

1. 私学的进一步发展

战国时期,由于七大诸侯国相继进行社会改革,旧的维护奴隶主贵族特权的分封制与世卿世禄制(世代承袭为卿大夫并享有爵禄的制度),被新的官僚制度所代替,这就为士阶层登上政治舞台提供了前所未有的有利条件。而各国统治者为了扩大自己的政治势力,从事改革以及谋取战争的胜利,也愈发迫切需要从士阶层中物色人才,为自己效力,因而竞相养士。像魏文侯以卜子夏为师,燕昭王以郭隗为师,都是这方面的著名事例。这一时期,除了公室招贤养士以外,私门也纷纷养士。如号称"四公子"的齐国孟尝君田文、赵国平原君赵胜、魏国信陵君魏无忌、楚国春申君黄歇以及秦国的文信侯吕不韦均养士多达数千人。养士之风由此盛极一时。在这种形势下,士阶层中的人们只要赢得公室或私门的垂青,很快便会使自己的命运得到改变。有的甚至旦夕之间便可骤然显贵,成为执政的大臣。这种情况自然使一般人羡慕不已,力图使自己或自己的子弟通过以士为师,也跻身于士的行列。这就有力地促进了私学的进一步发展。

不仅如此,战国时期,由于社会矛盾尖锐、复杂,新旧势力的斗争空前激烈,各个阶级、阶层和社会集团都迫切需要维护自己的利益，宣扬自己的主张，而养士之风的鼎盛，又使士有充裕的条件著书立说，为他们所代表的阶级、阶层与社会集团大造舆论，于是，出现了诸子蜂起、"百家争鸣"的繁荣景象。当时的学术流派最主要的是儒家、墨家、道家、法家、阴阳家、名家。这六家加上纵横家、农家、杂家三家，被称为"九流"，再加上小说家，合称"十家"。实际上，当时学派林立的状况远非"九流十家"所能概括，有的学派（如兵家）未列入"九流十家"之内，而且当时还存在着派中有派、家中有家的状况。如儒家在战国时期已分化为八派，即"子张之儒"、"子思之儒"、"颜氏之儒"、"孟氏之儒"、"漆雕氏之儒"、"仲良氏之儒"、"孙氏之儒"、"乐正氏之儒"，合称"八儒"。其中，"孟氏"指孟子（约前372～前289），"孙氏"指荀子（约前313～前238）。以他们二人分别为代表的"孟氏之儒"与"孙氏之儒"，是"八儒"中影响最大的两个派别。由老子在春秋末期创立的道家，到了战国时期也分化为老庄学派、宋尹学派与黄老学派等支派。由墨子（约前468～前376）于战国初年所创立的墨家，在墨子死后也分化为相里氏、相夫氏、邓陵氏三个支派。这些学术流派为了扩大自身的影响，广为招收门徒，也同样促进了私学的进一步发展。

这一时期私学的进一步发展，主要表现在以下两方面：一是在私学学习的人数比春秋时期大为增加，出现了私学兴盛的局面。据记载：墨子的弟子"充满天下"(《吕氏春秋·情欲篇》);孟子周游列国时,随从弟子经常有数百人;齐国的田骈有弟子百人;淳于髡(音 kūn)的弟子有 3000 人;农家的代表人物许行到了滕国那样的小国时,也有弟子数十人。二是由于各个学术流派在"百家争鸣"中思想观点不同,如在政治上,儒家主张礼治,墨家主张"兼爱"、"非攻",法家主张法治,道家主张无为而治等,他们私学的教育内容也各不相同。因此,这一时期,私学的教育内容也比春秋时期更为丰富了。

齐国的稷下学宫

战国中、后期,在私学充分发展的基础上,出现了稷下学宫。"稷下"是指齐国都城临淄稷门(西边南首门,因在稷山之下而得名)附近的地区。该学宫又称"稷下之学",是齐桓公当政时(前 374~前 357 年)创设的。齐威王当政时(前 356~前 320 年),伴随着齐国走向强盛,该学宫也有了进一步的发展。到齐宣王在位时(前 319~前 301 年),由于齐国正处于极盛时期,宣王又喜欢招揽文人学士,因而学宫达到发展的顶峰,拥有数千之众。齐湣王当政(前 300~前 284 年)后期,齐国国力日衰,学宫也渐趋衰落。齐襄王在位时(前 283~前 265 年),学宫一度复兴,但已不能同往昔的盛况相比。后来,该学宫一直延续到齐国覆亡时,前后历时 100 余年。

稷下学宫是战国时期新兴地主阶级唯一的官立学府。在该学宫任教的学者，历史上称为"稷下先生"。他们被齐国政府授予"上大夫"或"博士"等头衔，赐以高门大屋的宅第，并给予优厚的供养，但不担任具体官职。学宫中的首席教师曾有"祭酒"的称谓。教学内容没有统一规定。稷下先生在从事教学工作的同时，还从事著书立说与相互自由辩论等学术活动。因此，该学宫又具有学术研究机构的性质。除了教学与学术研究外，稷下先生还有为齐王出谋划策，充当智囊的义务，有时还要承担某些临时性的政治使命。

这里着重说明的是，稷下学宫自由辩论的空气十分浓厚。这种辩论不仅在先生之间进行，也可以在学生与先生之间进行。关于后者，最突出的事例是，学生鲁仲连与作为先生的名家代表人物之一田巴之间的一场辩论。事情是这样的：一次，田巴在学宫中发表非议"五帝"、"三王"（指夏禹、商汤、周文公）与"五伯"（指春秋时期的齐桓公、晋文公、楚庄王、吴王阖闾、越王勾践五个霸主）的言论，并进行有关名实问题的辩论，仅仅一天工夫，学宫中有上千人对他的言论表示信服。这时，年仅12岁，但已有"千里驹"之称的鲁仲连，向自己的老师徐劫提出，要和田巴进行辩论。徐劫征得了田巴的同意，鲁仲连便去和他当面交锋。鲁仲连首先列举事实说明当时的齐国正危在旦夕，继而向田巴发问：先生有何解决办法？田巴回答：没有。鲁仲连接着便指出：当国家处于危急时而不能使它转危为安，当国家土地沦丧时而不能收复失地，那么学士也就没有什么可贵的了。因此，他向田巴进言：希望先生还是不要再空谈下去了。田巴只好表示认输。第二天，田巴见到徐劫，对他说："你的学生简直是飞兔、腰褭（音niǎo，均为古骏马名），何止是千里驹呀！"从此，田巴再也不发表议论了（参见《太平御览》卷464引《鲁连子》）。从这个故事中可以看出，稷下学宫中的辩论颇能体现出一种不管年纪大小、地位高低，谁讲得有道理就服从谁的精神。

稷下学宫在管理方面的一个显著特点是，师生来去自由。不同学派的代表人物往往都是带着自己的弟子一同来到学宫，而当这些代表人物离去时，他们的弟子也都相随而去。从这点来看，稷下学宫是以各家私学为基本单位而构成的一种特殊类型的官办学校。

据记载，在稷下学宫任教与从事研究的著名人物除名家田巴外，还有儒家的孟子、荀子，道家的宋钘（音xíng，约前382～前300）、尹文（约前360～前280）、彭蒙、慎到（约前395～约前315）、田骈、接予、环渊，阴阳家的邹衍（约前305～前240）、邹奭（音shì），名家的儿（音ní）说以及博学善辩、"学无所主"的淳于髡等。他们当中的慎到还是前期法家的代表人物之一。因此可以说，战国时期最主要的学术流派除墨家外，都参与过稷下学宫的活动。这就使稷下学宫很自然地成为当时的重要文化中心。而不同学派在稷下学宫的相互争鸣，则有力地促进了他们相互间的吸收与融合。例如：在稷下学宫后期，曾"三为祭酒"的荀子，在政治思想方面虽然继承了儒家的礼治思想，也吸取了法家的思想，力图用法治充实礼治。这就表明，稷下学宫对于推动战国中后期学术思想的发展起了重要作用。稷下学宫还培养了大批人才，从而在教育事业方面取得了显著成绩。另外，稷下学宫对后来的封建制官学与唐宋以后的书院制度，也有一定影响。

五 秦汉时期的学校

1 秦代的吏师制度

公元前221年,秦始皇以武力统一六国,建立了中国历史上第一个中央集权的专制主义封建王朝——秦朝。为了巩固和加强封建统一政权,秦始皇采取了一系列重要措施,如推行郡县制,以法律形式承认土地私有制,并统一货币、度量衡和文字等。然而,由于奴隶主贵族残余势力依然存在,以及旧的思想传统影响等原因,这些措施在推行过程中,不可避免地遇到了严重的阻力,经历了激烈的斗争。这就促使秦朝统治者决心在思想文化领域里进一步加强封建地主阶级专政。为此,他们在学校教育方面采取了禁止私学,"以吏为师",亦即实行吏师制度的重要举措。

公元前213年,秦始皇在咸阳宫里大摆酒宴,席间,博士70人为秦始皇祝寿。博士仆射(博士的首长)周青臣称颂郡县制消除了战争的祸患,认为这种制度可"传之万世",而博士淳于越则上前进言,主张恢复分封制。秦始皇将这两种观点交由群臣讨论。

于是，丞相李斯力陈分封制不可效法，并指出：在诸侯割据的时代，人们都喜欢用他们的私学反对君主所建立的制度。如今皇帝已经统一天下，使法制定于一尊，但这些人听到法令公布，便以私学来非议法制。他们不仅自己不以为然，而且还到街头巷尾去讲说，带领群众造谣诽谤。如果任其发展而不予禁止，就会使皇帝的威势降低。针对这种情况，李斯建议：除医药、卜筮、种树之书与《秦纪》以外的历史记载，以及非博士官所职掌的《诗》、《书》、百家语，其余书籍一概烧毁。自命令下达后30天仍不烧毁的，处以黥刑（在犯人脸上刺字后涂以墨的一种肉刑），并罚作"城旦"（一种筑城4年的苦役）；有敢于相聚议论《诗》、《书》的处死，以古非今的灭族；禁止私学，凡学习法令的，"以吏为师"。秦始皇当即采纳了李斯的建议，下令推行。吏师制度由此创立。由于这一制度是以禁止私学为前提的，所以，这一制度的推行，无疑是使教育事业向私学产生以前状态的历史倒退。另外，秦朝所采取的焚烧书籍的办法，以及次年的坑杀460余名儒生与方士的事件（史称"焚书坑儒"），使中国古代文化与学术的传承遭到了很大破坏。

然而也应看到，在吏师制度下，秦代的教育活动并不限于由官吏来承担法令的传授。例如，秦代设置的博士官除掌管图书、通晓古今以备咨询外，在吏师制度实行以后，也收徒讲学，从事教育活动。通过他们的活动，古代的文化遗产也得以继续绵延、传播。

汉代的学校

公元前206年，秦末农民起义推翻了秦王朝的统治。此后，刘邦和项羽又进行了长达4年的楚汉战争。公元前202年，刘邦在打败项羽后称帝，国号为汉，定都长安，史称西汉（又称前汉）。西汉末叶，由于阶级矛盾日趋尖锐，外戚王莽于初始元年（公元8年）自立为帝，改国号为新，进行托古改制，结果愈发加剧了阶级矛盾。地皇四年（公元23年），王莽政权被农民起义推翻。建武元年（公元25年），刘秀称帝，重建汉朝，定都洛阳，史称东汉（又称后汉）。汉朝共历时400年之久，在这一时期，由秦始皇所建立起来的专制主义中央集权制度得以巩固与发展，同时中国封建社会的学校教育制度也得以初步形成。

（1）汉代"独尊儒术"文教政策的确立。西汉初年，封建统治者鉴于秦王朝迅速覆亡的教训，为了缓和阶级矛盾，恢复因战乱而遭到严重破坏的社会生产力，迫切需要一种与秦王朝使用严刑酷法不尽相同的统治方法。于是，自战国晚期开始流行的以提倡清静无为、不过多干预为显著思想特色的黄老之学，很自然地得到汉初统治者的青睐。汉初统治者依据这种学说，实行所谓"休养生息"的政策，使社会经济得以逐渐复苏。

至汉武帝统治时期，西汉王朝已不同于开国之初，经过长达六七十年的"休养生息"，国库充盈，社会经济呈现出一派繁荣景象。由于景帝平息吴楚七国之乱等原因,政治上也已形成了中央集权的空前大一统局面。在这种新的形势下,汉朝统治者为了封建统治的长治久安,势必需要谋求思想上的大一统。为了适应这一需要,董仲舒(前179~前104)在上呈汉武帝的对策书中,提出了"诸不在六艺之科、孔子之术者,皆绝其道,勿使并进"(见《汉书·董仲舒传》。意思是凡不属于六艺的科目和孔子学术的,都一律禁止)。汉武帝采纳了他的建议,以"罢黜百家,独尊儒术"作为汉王朝的文教政策。从此,儒家思想不仅成为汉代社会的统治思想,而且也成为以后2000年间的封建正统思想,对汉代以及其后的学校教育产生了巨大影响。

不过也应看到,汉代统治者自武帝始虽然在文教政策方面尊崇儒学,但并没有将法家的学说弃之不顾。他们的实际做法是,力图使刑法律令与儒术结合起来,相互为用,做到"霸王道杂之"(霸道与王道分别指法家与儒家的政治主张)。后人对此称之为"阳儒阴法"或"外儒内法"。事实上,后来的封建统治者都是这样做的。

(2)汉代的官学。自汉武帝实行"独尊儒术"的文教政策以后,官学得到了空前发展,私学也十分昌盛,并逐渐形成了中央和地方的学校制度,从而为后代学校制度的发展奠定了基础。

汉代的官学分为中央官学与地方官学两大类。中央官学主要是太学。此外,还有四姓小侯学与鸿都门学。地方官学有郡国学与校、庠、序等。

汉代的太学

汉代太学的创立与发展。汉代太学创立于汉武帝元朔五年（前124年），地点在国都长安。它在中国和世界的学校教育史上都占有重要地位。汉代太学的规模起初很小，仅有学生50人，后逐渐扩大。元帝时，增至1000人。到了平帝元始四年（4年）时，最多达1万余人。这时，太学校舍很大，学生们有着较好的居住条件。东汉时期，光武帝于建武五年（29年）重建太学于洛阳，进一步扩大了太学的规模。安帝时，因政治腐败，教育废弛，太学一度残破不堪。顺帝时重又修缮，共拓建校舍240房、1850室。此后，来学习的人日益增多，到质帝时，太学生竟多达3万余人，创汉代太学学生人数的最高记录。

汉代太学的教师。汉代太学的教师称为博士，汉代的博士原来主要是备以咨询的官吏。自太学创立后，成为太学的专职教官，主要担任太学的教学工作，也参加议政、奉使与巡察地方政教等活动。博士中的领袖称为仆射，东汉时改称祭酒。对博士的任用，有征聘、荐举、选试或由其他职官升迁等多种方式。不过，由于西汉时博士多由名流充任，故很少采用选试的方式。到了东汉，不仅选试博士已成为一种制度，而且举荐博士还要写"保举状"，保证被保举人具备封建道德，通晓《易》、《尚书》、《诗》、《礼》、《春秋》、《孝经》、《论语》，学问渊博精深，隐居乐道，不求闻达，无严重疾病，也不与统治者所认为的坏人往来，未接受王侯赏赐，行为合乎四科（指汉代以德行举士的四条标准，即质朴、敦厚、逊让、有行），专习的经业足以胜任博士的职责等。此外，还规定博士的年龄必须在50岁以上。在太学设置以前，博士本以专门研究一经为终身职责。太学创设以后，太学的博士也必须专长一经。博士享有优厚的生活待遇，太学中为他们备有宿舍，政府还常有酒肉慰劳和赏赐。

汉代太学的教学内容、教学形式与考试办法。汉代太学以经学为教学内容，所授儒经为《易》、《书》、《诗》、《礼》、《春秋》五经。后来，《诗》分为鲁（申公）、齐（辕固生）、韩（韩婴）三家；《书》分为大夏侯（夏侯胜）、小夏侯（夏侯建）、欧阳（欧阳生）三家；《礼》分为大戴（戴德）、小戴（戴胜）二家；《易》分为施（施雠〔音 chóu〕）、孟（孟喜）、梁丘（梁丘贺）、京（京房）四家；《春秋公羊传》分为严（严彭祖）、颜（颜安乐）二家，共十四家。称为"五经十四博士"。博士授经，全凭口耳相传，易出差错，要有所凭借，不得不依从某一经学大师所讲的经说，这就是所谓"师法"。不过，博士授经如果仅仅局限于师法的传授，难免会拘于一种见解，而不利于发挥新的见解，所以，后来又从师法中派生出"家法"。所谓家法，就是同一师说下所分出的若干派经说。汉代传经，要求必须遵守师法与家法（西汉重师法，东汉重家法）。

汉代经学的传授又有今文经学与古文经学的区分。所谓"今文经"，是指用汉代通行的隶书所写成的儒家经籍。传授"今文经"学说的，即称为今文经学。"古文经"则是指用先秦古文写成的儒家经籍。传授"古文经"学说的，则称为古文经学。今文经学注重经世致用，但带有浓厚的迷信色彩；古文经学按字义讲解经文，迷信成分很少，但有保守倾向。由于前者得到汉代统治者的赏识，所以，汉代太学基本上一直为今文经学派所垄断。上面提到的"五经十四博士"，都属于今文经学派。

在教学形式上，汉代太学主要有两种：一是大班上课，这是因为当时师少生多。太学学生从50人发展到3万余人，而博士的数量却很有限，所以不得不采取大班上课的方式。为了便于大班上课，东汉时，太学内建有内外讲堂，讲堂长10丈，宽3丈，可容纳学生数百人以上。二是弟子互相传授。太学兴盛时，仅靠大班上课仍不能满足需要，所以出现了由高年级学生教低年级学生、高材生教低材生的形式。

在教学管理方面，汉代太学很注重通过严格的考试来督促和检查学生的学习。汉代太学学生没有肄业年限的规定，只要通过考试便可毕业，并按考试成绩的高低授予一定的官职。汉代太学起初规定，一年举行一次考试，叫做"岁试"。考试的方法主要是"设科射策"。这种考试方法与我们今天的抽签考试方法相类似。具体作法是：由主试者将试题按照难易程度分为"甲乙之科"（即甲乙两等），分别写好并加以密封，然后由被试者随意抽出一二种题进行解答。通过考试，发现成绩很差的，开除学籍。这种考试方法到西汉末王莽统治时，曾小有变动，即增加录取人数，改分甲乙丙三科。东汉初又恢复了甲乙二科。质帝时则改为不分甲乙科，只取"高第"。到桓帝建和元年（147年），下诏将被试者分为高第、上第、中第、下第四等录取授官。桓帝永寿二年（156年）又改变考试办法，规定每两年考试一次，根据通经的多少授予不同的官职，到通五经为止。考试不及格的可留校再考；已经授官的仍可参加更高一级的考试，及格后再委任更大的官职。

汉代太学通过考试选取人才的方法，使太学兼具教学机关与政府考试机关的双重性质，这对于鞭策学生刻苦攻读与培养汉代统治者所需要的人才，起了显著作用。不过，由于汉代太学没有年限规定，考试方法虽屡有更改，但也有年过60、满头白发，仍然留在太学就学的。

汉代太学学生的来源与生活状况。汉代太学的学生称为"博士弟子"，或简称"弟子"，东汉时常称为"太学生"或"诸生"。西汉时期，太学学生的来源主要有两方面：一方面，由太常（兼掌文教行政的高级官员）直接选送年满18岁以上、容貌端正者为正式生；另一方面，由地方长官在所管辖的区域内选送具备喜好文学、尊敬长辈、遵从政令、顺从乡俗、行为合乎礼制等诸项条件者为特别生。西汉末年王莽统治时，增加了元士之子可受业太学的规定；东汉顺帝时，增加了公卿子弟可受业太学的规定；质帝时增加了自大将军以下到六百石的官员都可派子弟到太学受业的规定。此外，对聪颖出众者可放宽入太学的年龄和地域限制，年纪未满18岁者也可选入太学，称为"童子郎"；甚至还有匈奴子弟来太学受业的。太学中的正式生都有官俸，特别生则费用自给，所以有些家境比较贫穷的学生便用半工半读的方式在太学读书。如：兒宽为同学烧饭以自给，公沙穆为人做米工以自给等。太学生们一般都住在太学的宿舍里，有的还偕家室一同在太学居住。不过，后来由于太学生人数愈来愈多，也允许太学生在校外居住。

汉代太学生的政治运动。有一点特别值得提到，这就是，中国历史上的学生运动是从汉代的太学生开始的。据记载，西汉末哀帝在位期间（前6～前1年），儒学学者鲍宣任司隶时，因阻止丞相孔光的车马在驰道中央（驰道中央宽3丈，是供皇帝行驶车马的专路）行驶而得罪了孔光，被逮捕下狱。鲍宣素以耿直敢言著称于世，此次遭受不幸，深得太学生的同情。太学生中的济南人王咸尤为义愤填膺，他在太学中打起一面旗帜，号召说：想要援救鲍司隶的，在此旗下集合。随即有1000多名太学生迅速汇集在一起。他们乘孔光上朝时，拦阻他的车骑，使他不能前行，并向皇帝上书请愿。致使朝廷只好下令减免鲍宣的死罪，改为髡钳（古代的一种刑罚，剃去头发，用铁圈束颈）。这是迄今我们所知道的中国历史上最早一次太学生干预政治的活动。

到了东汉末年，朝政腐败，宦官专权，太学生积极参与反宦官的斗争。例如桓帝永兴元年（153年），朱穆出任冀州刺史后，因严惩贪官、豪强，得罪宦官，被桓帝罚为刑徒。太学生刘陶等数千人上书朝廷，为朱穆申诉冤屈，并表示愿意代替朱穆受刑。于是，桓帝不得不将朱穆赦免。这种太学生反对宦官专权的斗争在桓（帝）、灵（帝）之间的两次"党锢之祸"中，更是达到了最高潮。当时，针对宦官专权、社会危机日益加重的状况，以郭泰、贾彪为领袖的太学生与李膺、陈蕃等反对宦官的官僚士大夫们一起，从维护东汉封建统治的目的出发，以太学为中心，评议朝政，要求改革，因而被宦官称为"党人"。桓帝延熹九年（166年），宦官命人诬告李膺交结太学生等诽谤朝廷，扰乱人心，桓帝下诏逮捕李膺等"党人"200余人。次年，把他们赦归田里，禁锢终身，不得做官。这是第一次"党锢之祸"。灵帝建宁二年（169年），宦官侯览因张俭曾检举他残害百姓而诬告张俭结党谋反，宦官曹节乘机奏请逮捕"党人"李膺、范滂等100多人。这些人被捕后，相继冤死狱中。因受诬陷、株连以及地方官滥捕而死于非命或受到迫害的还有六七百人。灵帝熹平五年（176年），皇帝下诏州郡，连所谓"党人"的门生故吏、父子兄弟以及五服以内的亲属，只要是现任官员的，都一概予以免官禁锢。这就是第二次"党锢之祸"。此次"党锢之祸"一直到灵帝中平元年（184年）黄巾起义爆发才告结束。在以上两次"党锢之祸"中，太学生们表现出不屈不挠的顽强斗争精神。由于他们的反宦官斗争在客观上多少符合当时人民群众的意愿，因而赢得了广泛的社会同情与支持。

汉代的四姓小侯学与鸿都门学

四姓小侯学创设于东汉明帝永平九年（66年），这是汉王朝为外戚樊氏（光武帝母亲的族姓）、郭氏、阴氏（光武帝皇后的族姓）、马氏（明帝皇后的族姓）四大族的子弟创办的一所贵族学校。由于这四个姓的外戚都不是列侯，所以称小侯。该校设有五经师，聘用高水平的教师任教，因而声誉日隆。后来招生对象扩大，一般贵族子弟不分姓氏，皆可入学，匈奴也曾派遣子弟到这所学校留学。

安帝元初六年（119年），汉王朝又设立了一所贵族学校。这是由邓太后为和帝的弟弟济北河间王的10多个子女，以及邓氏近亲子孙30余人所创办的。该校专门教授经书。对学校中年纪小的，则由师保进行教育。

鸿都门学创立于东汉灵帝光和元年（178年），因校址在洛阳的鸿都门而得名。这所学校的学生由朝廷下诏命州、郡、三公选派，有1000人之多。学习内容为辞赋、尺牍、字画。学生毕业后可任刺史、太守、尚书、侍中等职，并有封侯赐爵的。这所学校是东汉末年宦官集团为培植私人势力，以其与太学相抗衡而设立的。但从教育史的角度看，这所学校不仅开中国专科学校的先河，而且也是世界上最早的专门的文学艺术大学，因而具有创新意义。

汉代的地方官学

汉代的地方官学是指按照地方行政机构，分别设于郡国、县、道、邑、乡、聚的官办学校。

郡国设立学校始于西汉景帝时。当时，文翁任蜀郡太守。他看到当地文化落后，便从郡县挑选了10多名小吏，送往京师太学，从博士受业，或学习律令。在他们学成归来后，分别委以要职。与此同时，文翁还在成都设立官学，招收下面各县的子弟入学受业，称为"学官弟子"，按照他们学习成绩的高低，委任官职。他到各县巡视，也要带上其中德才兼备者，让他们代为传达教令，以示鼓励。因此，只几年工夫，当地年轻人便争着想当学官弟子，从而使蜀郡的文化教育事业大为改观。汉武帝对文翁的办学成绩十分赞赏，命令天下郡国都要仿效蜀郡，设立官学。事实上，只是到了西汉平帝时，郡国官学才普遍设立，并开始建立起地方各级官学体制。当时，按规定，郡国设立的官学称"学"，县、道、邑的官学称"校"，乡和聚开办的官学则分别称为"庠"和"序"。各学、校分别设置经师一人，庠、序则分别设置《孝经》师一人。东汉时期，地方官学教育又有新的发展，并愈来愈普遍。不过也要看到，汉代的地方官学不仅仅是教授儒学的场所，其主要任务还是普及教化，课程设置时兴时废，并没有统一规定。

（3）汉代的私学。汉代私学很盛，东汉尤为兴盛。其原因主要有以下几点：一是官学的数量与名额有限，地方官学又兴废无常，不能容纳广大的求学者。二是西汉末年与东汉时期，由于政治腐败等原因，许多经师名儒或终身不仕，或中途隐退，专门从事私人教育。加上还有不少名儒一边做官，一边授徒，从而给求学者提供了较为广泛的学习机会。三是由于汉代太学基本为今文经学派所垄断,未被立为博士的古文经学派便力图以私学为阵地,同今文经学派展开激烈斗争。四是汉代官学中缺乏对青少年进行启蒙教育的机构,因此需要由私学来填补。

汉代私学兴盛的主要表现是:当时,从事讲学授徒的名儒如申公、刘昆、洼丹、牟长、张兴、魏应、丁恭、楼望、李育、宋登、杨伦、马融(79~166)、蔡玄、郑玄(127~200)、颖容、谢该等人的门下,弟子一般都很多,常不下数百人,而牟长、马融、蔡玄等的弟子常有上千人,郑玄的弟子更曾高达数千人。这些在私学中学习的学生,不少都是远道而来。另外,汉代已有妇女从事私人讲学授徒的活动,如名儒马融曾从师受读《汉书》于女史学家班昭。

汉代的私学分为两种:一种是由经师名儒为讲学授徒而自立的"精舍"、"精庐"。其程度相当于太学。这种私学一般是教授经书,但也有教授子书、法律与天文、历算之类的。这种私学中的学生,分为"及门弟子"与"著录弟子"两类。所谓"及门弟子",是真正登门受业的学生。所谓"著录弟子"是指那些只在经师名儒门下登录个名字,而不必亲自来受业者(如蔡玄有著录弟子16000人),这实际是后世"拜门"的发端。由于学生众多,这种私学在教学方法上,往往采取由高业弟子转相授受的办法。如马融的门徒中,能够升堂入室、直接得到他亲自讲授的一般只有50多人,其余的学生便由高业弟子转相授受。郑玄就读于他的门下后，3年都没有见他一面。直到后来他听说郑玄擅长数学，才召之见面，郑玄才得以有机会当面求教。马融的教学风格也很独特。讲堂里挂着红色的纱帐，他坐在帐前给生徒讲授，后列女乐，表现出不拘礼教的思想风貌，同时也说明这种私学在教学形式上是不拘一格的。这种私学还有一个突出的特点，那就是师生感情十分深厚。老师去世时，门生常常不惜千里跋涉，前去奔丧。如楼望去世时，门生前去会葬的有数千人。郑玄去世时，门生前去会葬的也有千人之多。

汉代的另一种私学是专门教授学童的"书馆"。其程度一般相当于小学。这种私学又分为两个阶段：第一阶段是蒙学，学习内容主要是识字写字。第二阶段学习《孝经》、《论语》，这是进入专门读经阶段之前的准备阶段。经过这个阶段的学习以后，可以从事某种职业或做小吏。也可继续深造，进入太学或经师名儒的私学，专攻一经或数经。汉代蒙学的教材有《苍颉篇》、《凡将篇》、《急就篇》等。其中的《急就篇》，不仅是汉代直到唐代蒙学的主要识字教材，为后代《千字文》、《百家姓》、《三字经》等字书的滥觞，而且是流传至今的唯一汉代字书。

六 魏、晋、南北朝时期的学校

公元220~589年,史称魏晋南北朝时期。这一时期,除了西晋时期有过短期的统一局面外,其他时期长期处于分裂与战乱状态。由于社会动荡以及经济因战乱而遭到很大破坏,这一时期的学校教育时兴时废,总的来说是不景气的。不过,在个别朝代与某些地区,学校教育也曾出现过较为兴旺的景象,甚至还出现了在中国学校史上具有重要意义和影响的某些新情况。

三国时期的学校

220年,曹操的儿子曹丕废汉称帝,建都洛阳,国号为魏,历史上又称曹魏。次年,刘备在成都称帝,国号为汉,史称蜀或蜀汉。229年,孙权在建业(今江苏南京)称帝,国号为吴,史称东吴或孙吴。魏、蜀、吴三国鼎立的局面由此形成。三国时期,魏、蜀两国都曾设立太学,吴国虽曾下诏设立太学,但实际并未办成。而魏、蜀两国的太学，只有魏的太学值得一提。

魏的太学由魏文帝曹丕于黄初五年（224年）在洛阳设立。这所太学制定了较为严格的考试制度，即"五经课试法"：初入太学的学生称为门人，肄业满两年，经过考试能通一经的，称为弟子；不能通一经的"予以罢遣"（即退学）。弟子再学习两年后，经过考试能通二经的，补授文学掌故；不能通二经的随后辈再试（即留级补考），及格的也可授文学掌故。经过三年学习，考试能通三经的，任命其中成绩优秀的为太子舍人；不能通三经的随后辈再试，及格的也可任太子舍人。舍人满两年，考试能通四经的，任命其中成绩优秀的为郎中；不能通四经的随后辈再试，及格的也可任郎中。郎中满两年，考试能通五经的，对其中成绩优秀的随才叙用；不能通五经的随后辈再试，及格的也予叙用。这一制度是对东汉桓帝永寿二年（156年）所定太学考试办法的继承，并有所发展，表明魏的太学仍以经学为教学内容，其培养目标也是封建国家的官吏。初入太学的学生称为"门人"，有关"门人"的规定，则意味着中国古代的大学从此有了预科制。

魏的太学生曾由数百人发展到数千人。不过，由于教官（博士）遴选不精，学生又大多是为逃避徭役而来，所以，太学的质量已大为降低。

三国时期也有地方官学。如魏河东太守杜畿与吴奋威将军领（兼理）丹阳太守孙瑜等，都曾在所辖地区设立学校。但因当时战乱频繁，州郡学校不可能有很大发展。

三国时期也有民间私学。从事私人讲学的名师有魏的张掖（音 jiǎn）、隗（音 kuí）禧，吴的虞翻（164～233）等。私学的教学内容主要为儒家经典，但也有教授天文、黄老之学等内容的。

2 两晋时期的学校

265 年，司马炎废魏称帝，国号为晋，定都洛阳。280 年，晋兵灭吴（263 年，司马氏已经灭蜀），中国归于统一。但为时不长，自西晋末年开始，北方又陷于分裂状态。316 年，西晋灭亡。次年，晋宗室司马睿在南方重建晋朝，定都建康（今江苏南京），史称东晋。

两晋时期的中央官学有太学和国子学。太学始立于晋武帝泰始初年，教学内容为儒家经典，设有太学博士 19 人，由太常统领。到泰始八年（272 年），太学生曾高达 7000 多人。武帝下诏将经过考试已通一经的留下，其余的遣返郡国。同时，又命大臣将可以造就的子弟送入太学学习，结果仍有太学生 3000 人。当时，太学生有弟子、门人、寄学、寄学陪位、散生等名称。其中，散生系指籍贯为凉州所管辖的西海、敦煌、西平、金平 4 郡的学生与西域人。国子学创立于晋武帝咸宁二年（276 年）。这是中国封建社会于太学之外另设国子学的开始。咸宁四年（278 年），国子学设祭酒、博士各 1 人，助教 15 人，以教生徒。惠帝永平元年（291年），规定五品以上官员的子弟才能入国子学，而六品以下官员的子弟只能入太学。这就使国子学与太学分别成为所谓"高门"（即世家大族）子弟与"寒门"（即庶族地主）子弟的肄业之所。这是当时实行"九品中正制"（魏晋南北朝时期为保证世家大族的特权而实行的官僚选拔制度），世家大族享有政治、经济等各种特权在学校教育制度方面的反映。它使自汉代以来单轨制的太学发展为太学与国子学并行的双轨制，国子学也成为后世国子监的开端。

进入东晋时期，晋元帝司马睿即位后，下诏设立太学，两年后又设置博士员5人。后来，晋明帝司马绍也很关注兴学，但因政局纷乱，太学有名无实。晋成帝咸康三年（337年），又曾设立太学，后又废弃。穆帝、孝武帝都曾以中堂（即明堂，为帝王宣明政教的地方）为太学。淝水之战取得胜利以后，孝武帝太元九年（384年），增置太学生100人。次年，设立了国子学，设国子助教10人，仍以儒家经典作为教材。从此，国子学与太学并存于世，但却远不能同西晋时期相比。

两晋时期，地方官学已有一定发展。这是因为，当时有不少地方官热心于兴办学校。如杜预镇守荆州时，曾"修立泮宫"；虞溥任鄱阳内史时，曾"大修庠序"，广招学徒，来学者有700余人；范汪任东阳太守时，曾"大兴学校"，其子范宁任豫章太守时，也曾"大设庠序"，远近来学者有千余人。此外，征西将军庾亮也曾在武昌设置学官，建立讲舍，命参佐大将的子弟与自家子弟入学学习。不过，两晋时期的地方官学并没有统一规划，一些地方官都是自发办学。此外，地方官学的发展很不平衡，并且兴废无常。

两晋时期的私学教育较为盛行。当时，从事聚徒讲学的著名人物有杜夷（258～323）、刘兆、束皙、徐苗、范蔚、范宣、范辑等。他们当中有的人生徒很多，如杜夷有生徒千人，刘兆有生徒数千人。范蔚不仅拥有多达7000余卷的丰富藏书供来学者阅读，而且还能经常为上百名生徒提供衣服和食物。这一时期的私学教育内容虽然仍以儒家经典为主，但也有教授阴阳五行学说、佛学等其他内容的。

十六国时期的学校

304～439年，与东晋政权偏安于江南同时，匈奴、羯（音jié）、鲜卑、氐、羌等内迁少数民族的上层分子与汉族官僚在北方建立过20个割据政权。由于北魏的崔鸿在所著《十六国春秋》中，记述了其中十六国的史事，所以，历史上把这一时期称为十六国时期。

这一时期，战乱不断，学校教育不可能有很大发展。不过，有些割据政权的统治者在推进学校教育方面，也曾做过不同程度的努力。如前赵的统治者刘曜（匈奴族）曾在长安设太学于长乐宫东，设小学于未央宫西，从年龄在25岁以下、13岁以上的百姓中挑选1500人入学学习，由朝贤宿儒予以教授，并委任了国子祭酒与崇文祭酒。后赵的统治者石勒（羯族）也曾在襄国（今河北邢台）立太学，又在襄国四门附近设小学十余所，并置太学与小学博士，并在中央分设经学、律学、史学祭酒。他还曾亲临太学与小学，考查学生在经义方面的学习情况，成绩优秀的有赏。后又命郡国立学官，每郡置博士祭酒2人，弟子150人。他的侄子石虎继位后，又命郡国立五经博士，并设置国子博士助教。前燕的统治者慕容皝（音 huàng，鲜卑族）曾设立"东庠"，有学生千余人。其子慕容儁（音 jùn）继位后，又曾设立小学以教贵胄子弟。前秦的统治者苻（音 fú）坚（氐族）曾"广修学宫"，并亲临太学考试学生的经义。后秦的统治者姚兴（羌族）曾设律学于长安，调集郡县的散吏进行培训，学成后，让他们仍回郡县，负责处理刑狱方面的问题。此外，前凉、西凉、成汉、北燕等国在学校教育方面也有所兴举。

这一时期，从事私学教育的著名学者有宋纤（273~354）、祈嘉、郭瑀、杨轲、王嘉、张忠等。前凉时期：宋纤，敦煌人，隐居于酒泉南山，受业弟子有3000多人。他"心慕太古，生不喜存，死不悲没"（《晋书·宋纤传》），其私学属于道家性质。祈嘉，酒泉人，他"博通经传"，从事私人教学，有生徒100余人。郭瑀，敦煌人，精通儒经，隐居教授，有著录弟子千余人。前赵与后赵时期：杨轲，天水人，先后在天水、永昌、秦州授徒。后赵时期：王嘉，陇西人，隐居于东阳谷，开凿崖穴居住。受业弟子有数百人，都住在洞穴里。后隐居于终南山，继续教授生徒。张忠，中山人，从西晋末到前秦苻坚时，在泰山隐居授徒。其学以"至道虚无"为宗，属于道家性质。在教学方法上，有的私学承袭了汉代那种由高业弟子转相授受的办法。杨轲在教学中就只向"入室弟子"言传口授，再由"入室弟子"向其他门徒传授。有的私学在教学方法上有新的创造，如张忠授徒于泰山的教学方法就与众不同。他与弟子分别住在相隔60多步的洞窟里，学生每五天向他拜见一次。教授时，只用形体动作来表示而不用语言，学生们"观形而退"。

4 南北朝时期的学校

420年东晋灭亡以后，中国历史随之进入又一个南北政权相互对峙的时期，即南北朝时期。南朝自420年开始，相继经历了宋、齐、梁、陈4个王朝的更迭。北朝自439年北魏统一北方开始，到534年分裂为东魏、西魏。后来，北齐、北周又分别取代了东魏、西魏。南北朝共历时170年之久。在这一时期，由于南、北两朝在民族、地理环境与历史背景上的不同，所以，学校教育也存在着某些差异。

（1）南朝的学校。自西晋末年以来，北方战乱不已，江南地区则相对比较安定。在这样的社会环境中，南朝经济文化的发展自然会超过北方。与此相适应，南朝的学校教育也比北朝发达。就整个南朝的学校教育而言，又以宋、梁两朝的学校教育较为突出，齐、陈两朝较差，陈尤其差。

南朝的中央官学

宋的中央官学。南朝的宋初，武帝刘裕对学校教育非常重视，他曾召见名儒周续之（377～423），命其赴都城开馆授业。又于永初三年（422年）下诏兴学，因他不久去世而未能实施。元嘉十五年（438年）宋文帝召庐山处士雷次宗（386～448）到京，开儒学馆于北郊鸡笼山，以供其聚徒教授，置生徒100多人。又开设玄学馆、史学馆、文学馆，命何尚之（382～460）、何承天（370～447）、谢元分别主持，各聚门徒授业。以上四个类似于专科学校性质的学馆，并称"四学"。其中的儒学馆，文帝尤为重视，曾数次亲临视察。元嘉十九年（442年），文帝又下诏设国子学，以何承天为国子博士。后于元嘉二十七年（450年）因军兴而停办。明帝泰始六年（470年），设立"总明观"，又称"东观"，分设玄、儒、文、史4科，置祭酒1人，学士每科10人（一说学士总共10人）。从"四学"到"总明观"分设4科，之所以其中都有玄学，绝不是偶然的。魏晋以来，由于社会长期动乱，王朝不断更迭，在出身于豪族地主的名士中悲观厌世情绪十分流行，崇尚"自然"、"无为"的老庄思想很自然地引起他们的强烈共鸣。他们奉《老子》、《庄子》、《周易》为"三玄"，以道家思想阐释儒家经典，因而被称为"玄学"。南朝宋代的"四学"与"总明观"4科中之所以都有玄学，正反映了当时玄学思潮流行的现实状况，并表明这一思潮已跻身于官方哲学。"四学"与

"总明观"4科的出现,打破了自汉以来中央官学为儒学所垄断的传统,对隋、唐时期专科学校的设立有直接影响。

齐的中央官学。479年,萧道成灭宋建齐,自立为帝(齐高帝)。齐高帝建元四年(482年),下诏立国子学,以张绪为国子祭酒,王逡之为国子博士,置学生150人。规定入学年龄为15~20岁,并以家距都城2000里为限。不久,因高帝去世而停办,开办时间不到一年。武帝永明三年(485年),又下诏立国子学,以王俭(452~489)为国子祭酒,命公卿以下子弟220人入学学习,同时废除了"总明观"。明帝即位之初,由于统治集团发生内乱,学校停办。他虽于即位后的第四年下诏立学,但东昏侯继位(498年)后,学校再次停办,直至齐亡。

梁的中央官学。502年,梁朝建立。梁武帝萧衍很重视教育。他于天监四年(505年)下诏置五经博士各1人,又置胄子律博士。同年开设5个学馆,统称"五馆",任命明山宾(443~527)、陆琏、沈峻、严植之(457~508)、贺玚(452~510)为博士,分别主持一个学馆。每馆有学生数百名,由政府供给伙食,考试成绩好的,即委任官职。由严植之主持的学馆设在潮沟,他讲课层次清楚、说理明白,很受学生欢迎。只要得知他讲课的消息,其他学馆的学生也都一齐赶来,每次听讲者都有1000多人。天监七年(508年),梁武帝又下诏建立国子学,命皇太子与王侯之子入学受业。武帝曾亲临国子学,进行策试。后来,大同七年（541年），武帝又在宫城的西面设立士林馆，以延纳学者从事讲学活动。据载，当周弘正（496~574）讲授时，朝野人士纷纷前往听讲，轰动一时。这些都足以说明梁代的中央官学是比较发达的。

陈的中央官学。557年，陈朝建立。陈朝也设有国子学与太学。著名学者沈德威、张讥等曾任国子助教，张崖、沈不害（518~580）、周弘直（500~575）等曾任国子博士，周弘正等曾任国子祭酒。沈德威还曾任太学博士。但从历史记载看，陈朝办学成绩并不大。不过，陈朝的国子学有一点是值得注意的。这就是：国子学举办讲学活动时，教师间可以相互展开辩论。例如，张讥喜好玄学，曾从周弘正受业，后来两人一同在国子学任教。有一次，周弘正讲解《周易》，张讥与周弘直都在座。张讥听后，即席发表了自己的不同见解，周弘正说不过他。这时，周弘直连忙大声插话，帮助周弘正陈说理由。张讥立即态度严肃地对周弘直说："今天，我们在这里辨析名理，虽然我也知道兄弟之间应互相解救危难，但我还是希望四公（周弘直是周弘正的四弟）不要出来相助。"周弘直一时情急，便说："我是在帮助你的老师，为什么不可以？"这句话把在座的人全逗乐了。这件事过后，周弘正曾对人说："我每次登台讲授，一看张讥在座，就有点提心吊胆。"（参见《陈书·张讥传》）从这里可以看出，当时国子学中的气氛还是比较活跃的。

南朝的地方官学

南朝也有地方官学。据载：齐朝豫章文献王萧嶷

(音 yí）任荆湘二州刺史时，曾"开馆立学"；虞愿任晋平太守时，曾"立学堂"；梁朝天监年间，政府曾分派博士、祭酒到州郡设立学校；陈朝盐官（今浙江海宁）人顾越的居住地新坡黄冈一带，也"世有乡校"。

南朝的私学

南朝的私学较为兴盛，而且长期坚持不废。如宋朝的顾欢，年幼时因家境贫寒，不能入学，常在本乡学舍墙外听教师讲课。学成以后，在天台山开设学馆，跟从他受业的学生常有近百人。与顾欢同一时代的刘瓛（音 huán，434~489）博通五经，聚徒教授，常有数十人从他受学。在萧道成称帝后，刘瓛曾任会稽郡丞，跟随他学习的人更多。后来他成为当时最著名的儒学学者，京师的士子与显贵子弟都曾从他受业，著名的无神论者范缜（音 zhěn，约450~约510）就是他的学生。梁朝的诸葛璩（音 qú）博通经史，跟从他学习的人也很多，以致他的住宅都无法容纳，地方官为此专门给他修了讲舍，以供他教学所用。陈朝的张讥除在官学任教外，还曾在家中从事私人讲学活动。跟从他学习的生徒中不仅有儒生，也有沙门（僧人）与道士。与张讥同时期的王元规，精通《春秋左氏传》等儒家经典，曾任国子祭酒。后随南平王到江州，从各地不远千里前来受业的生徒时常有数十人到百人。这一时期私学的教学内容，除儒经外，还有玄学、《老子》、《庄子》、佛学、文学、史学等。特别是玄学与佛学，颇有与儒学争衡的意味。

(2)北朝的学校。由于北朝经济文化落后于南方,故北方的学校教育不如南方兴盛。但就北朝而言,由于北魏时期比较繁荣,所以北魏的学校教育还是比较发达的。

北朝的中央官学

北魏的中央官学。北魏是由以畜牧射猎为业的原始社会迈入封建社会的国家。为了加速封建化的进程,北魏统治者很重视崇儒兴学。北魏道武帝在天兴元年(398年)建都平城(今山西大同)后,就设立了太学,置五经博士,生徒有1000多人。天兴二年(399年),太学生增加到3000人。太武帝始光三年(426年),另立太学一所于城东,征召卢玄、高允等从事教授,儒学随之兴盛起来。太平真君五年(444年),太武帝下诏命卿士以上、王公以下的子弟,一概入太学学习。孝文帝太和十年(486年),又改中书学为国子学。太和十六年(492年),开设"皇子学"(又名"皇宗学"),设皇宗博士专门教授皇室子弟。孝文帝迁都洛阳后,又于太和十九年(495年)在京城四门设立四门小学,次年置四门博士与助教。一时间,出现了"斯文郁然,比隆周、汉"(《魏书·儒林传》)的盛况。后来宣武帝时,又曾下诏营建国子学、四门小学,并从儒生中挑选40人任小学博士,不过这时的国子学已是"有学官之名,无教导之实"(《玉海》卷112)了。

北齐的中央官学。550年北齐建立后,北齐文宣帝即下诏兴复学校。到皇建元年(560年),孝昭帝下诏设"国子寺",置祭酒1人、博士5人、助教10人、学生72人。同时,置太学博士2人、助教20、太学生200人,并置四门博士20人、助教20人、学生300人。规定学生必须学习儒家经典。但在北齐的30年间,学校实际上流于形式,有名无实。

北周的中央官学。557年北周建立。北周明帝时(557~560年)曾设立"麟趾学",召集公卿以下有才学的80余人,在麟趾殿刊校经史。武帝天和二年(567年),在太学之外又设"露门学"与"虎门学",用以教授贵胄子弟。武帝建德三年(574年),又设"通道观",其性质与南朝宋代所设的玄学馆相似。

北朝的地方官学

北朝的地方官学以北魏较为兴盛。北魏献文帝于天安元年(466年)下诏普遍设立乡学。规定每郡置博士2人、助教2人、学生60人。后下诏命大郡立博士2人、助教4人、学生100人;次郡立博士2人、助教2人、学生80人;中郡立博士1人、助教2人、学生60人;下郡立博士1人、助教1人、学生40人。据载,北齐时,各郡也曾设立学校,置博士、助教以教授儒经;北周时,曾设置博士负责州郡学校的教学工作。

北朝的私学

北朝的私学,由于在北魏太武帝时曾被明令禁止,因而一度受到较大影响。但总的来看,北朝的私学还是相当发达的。如北魏的张吾贵聚徒讲学,有弟子千余人;刘兰一边种田,一边学习,后从事私学教育,先后从他受业的弟子达数千人之多；徐遵明（474～529）千里求学，4次拜师，通过长期的刻苦攻读，成为"海内莫不宗仰"的经师名儒，他从事私人讲学20余年，门下弟子总计近万人。北齐的熊安生（？～578）博通五经，专门教授"三礼"（《仪礼》、《周礼》、《礼记》），弟子有1000多人。北周的马光也以精通"三礼"闻名于世，曾教授于瀛县、博城一带，门徒以千计。此外，如李铉（音 xuàn）、马敬德、张买奴、房晖远等都是私学名师。

在教学内容方面，北朝私学与南朝私学有明显的不同，北朝儒学教育处于绝对优势，教授老庄之学与天文、历算等内容的为数甚少。

七 隋、唐、五代十国时期的学校

公元581~960年，是中国历史上的隋、唐、五代十国时期。隋代与唐代是中国统一的封建专制国家重新建立与达到全盛的时期，同时也是封建学校教育进一步发展的时期。五代十国时，由于社会动乱的缘故，学校教育则出现很不景气的状况。

1 隋代的学校

581年，杨坚夺取北周政权，自立为帝，国号隋，建都长安。两年后迁都大兴（今陕西西安）。文帝开皇九年（589年），隋军灭陈，中国重新统一。隋代历史虽然只有28年，但在中国学校史上却有不容忽视的影响。

隋代的官学分为中央官学与地方官学。隋文帝时，曾在中央设立国子监，专门掌管学校教育事业，这是中国设立专门教育行政管理机构的开端。国子监最初名叫国子寺，是太常寺的下属部门。开皇十三年（593

年）国子寺从太常寺中分出，改称国子学，成为独立的教育领导机构。炀帝大业三年（607年），又改国子学为国子监。下设国子学、太学、四门学3学，后来，又增设书学、算学2学，共为5学。其中，算学为隋朝首创，开中国古代官学教育中列入自然科学的先河。此外，还设有隶属于大理寺的律学。据记载，隋代初年，文帝为了表示对学校教育事业的重视，曾于开皇二年（582年）向国子学中的"经明者"（通晓经术的生员）赏赐束帛（帛五匹为束）。开皇十一年（591年），文帝亲往国子学视察。后来，由于他感到国子学办理不善，于仁寿元年（601年）下诏将国子学生员的名额减少到70人，并废除了太学与四门学。接着，又将国子学改为太学，置博士5人。到了炀帝大业元年（605年）以后，国子学虽重新开设，但时隔不久，由于封建统治者穷兵黩武以及农民起义爆发等原因，出现了"师徒怠散"、"空有建学之名"（《北史·儒林传序》）的状况。

在发展地方官学方面，隋文帝于开皇三年（583年）曾下令各州县遍设学校。据载：当时的州郡学每年在春季与秋季的第二个月行释奠礼，州郡县每年也在学校举行一次乡饮酒礼。到了仁寿元年，州县学也被下令废除。炀帝大业元年，又命州县学重新恢复，但因社会秩序不稳定，办得好的地方官学为数不多了。

隋代的私学一般都由儒家学者开办。其中最著名的有大儒王通（584～617）在河、汾之间开办的私学，受业门人经常有100多人，高足弟子有薛收、温彦博、杜淹等人。名儒曹宪精通各家文字之学,也曾聚徒教授,经常有生徒数百人。自公卿以下,不少人都是他的弟子。精通经学的何妥在任龙州刺史时,经常有人从外地前来从他受业,他一边做官,一边从事教学活动。此外,当时的私学名师还有王孝籍、刘焯(音zhuō,544~610)、刘炫等人。

隋代国子监的设立以及中央官学中设置算学,在中国学校史上是具有影响的。除此以外,隋代还发生了一桩对以后学校发展有重要影响的事件,这就是科举制度的产生。魏晋南北朝时期,中国封建制社会所实行的选拔官吏的制度是九品中正制,这种制度是为维护世族豪强大地主的政治特权服务的。到了魏晋南北朝末期与隋代,世族豪强大地主的势力已日益衰落。庶族中小地主则随着自身经济实力的不断壮大,迫切要求参政的权力。在这种形势下,九品中正制自然难以维持。为了适应客观形势的变化,隋朝统治者于大业三年(607年)正式设置"进士科",由州郡与朝廷先后举行策试以取士,由此揭开了我国科举制度的篇章。这种新产生的选士制度一方面进一步削弱了士族豪强大地主的势力,为庶族中小地主分享政治权力开辟了道路;另一方面也使学校从此开始失去其在两汉至南北朝时期曾经具有的独立地位。

2 唐代的学校

618年,李渊建立唐朝,定都长安。唐代共历时

290年。这一时期中的开头100多年间,由于国家强盛、经济繁荣,学校教育特别是官学教育有很大的发展,形成了相当完备的官学教育制度,成为中国封建社会官学教育制度的典型,在我国和世界学校发展史上都占据重要地位。

(1) 唐代的中央官学。唐代中央官学分为直系与旁系两类。

中央直系的学校

这类学校包括国子学、太学、四门学、广文馆、律学、书学与算学,合称"七学"。其中,前四学属于大学性质,后三学属于专科学校性质,均直属礼部(属尚书省)下面的国子监领导。国子监设国子祭酒一人,为最高教育长官,下设司业、丞、主簿等。国子学、太学、四门学均设于唐高祖即位之初,书学、算学设于太宗贞观二年(628年),律学设于贞观六年(632年)。广文馆则设于玄宗天宝九年(750年),数年后因馆舍受灾而移设国子学内,所以"七学"又称"六学"。

六学学生的入学资格与学额如下:国子学招收文武三品以上高级官员的子孙,学额为300名。太学招收文武五品以上中级官员的子孙,学额为500名。四门学学额为1300名,其中500名招收文武七品以上低级官员的儿子,另外800名则是从地方庶民中挑选出来的"俊异者"。律学学额为50名,书学、算学学额各为30名,这三种学校的入学资格限制较宽,凡八品官以下的子弟与庶民中的优秀青年均可入学。

六学学生的入学年龄一般为 14~19 岁，其中律学学生入学年龄略高，为 18~25 岁。

六学中的国子学、太学与四门学均以儒家经典为教材，课程分"正经"与"旁经"两类。正经共 9 种，分大、中、小 3 类。《礼记》、《左传》为大经；《诗经》、《周礼》、《仪礼》为中经；《周易》、《尚书》、《公羊传》、《穀（音 gǔ）梁传》为小经。旁经 2 种，为《孝经》与《论语》。每种大经需学习 3 年；每种中经与《周易》需学习 2 年；除《周易》外的其余小经每种需学习一年半；旁经共需学习 1 年。各经不要求全通，通二经者，要求通大经、小经各一；通三经者，要求通大、中、小经各一；通五经者，要求大经必须全通，另外任通一经。《孝经》、《论语》则人人都需兼通。律学学习律令，兼习"格式"（官吏处事的规则法度）等。书学学习《石经》三体（3 年）、《说文》（2 年）、《字林》（1 年），并兼习其他字书。算学分为两组：一组学习《孙子算经》、《五曹算经》（共 1 年），《九章算术》、《海岛算经》（共 3 年），《张丘建算经》、《夏侯阳算经》（各 1 年），《周髀算经》、《五经算术》（共 1 年）；另一组学习《缀术》（4 年）、《缉古算经》（3 年）。两组都以《记遗三等数》为兼修课。

六学中属于大学性质的三学，设有博士、助教、直讲等，专门担负教学工作。博士分经教授学生，负责某一经的博士必须将所承担的科目讲完，不能中途改授其他科目。助教协助博士分经教授。直讲则协助

七 隋、唐、五代十国时期的学校

博士、助教讲授经术。律学、书学与算学也设有博士、助教等，各以专业教授学生。博士、助教、直讲等，既是教师，又是政府的官员。他们所任教职的大小，以他们在政府中官职等级的高低为标准，也与所在学校的地位有关。六学博士的官级自正五品上到从九品下不等，助教的官级自从六品上到从九品下不等。其中，以国子学的教师品级最高，太学的教师次之，书学与算学的教师品级最低。

六学在学校管理上制定了详细的规章制度。

首先是休假制度。六学规定：每10天给假1天，叫做"旬假"。每年放长假两次，一次在5月，叫做"田假"；一次在9月，叫做"授衣假"。学生家在200里以外的，可按路程远近，酌情延长假期。家中发生重大事故或父母亲有病，也可延长假期。但是，如果违反了规定的特许期限，即令退学。

其次是考试制度。六学有3种考试：一是旬考，在旬假前举行，考查学生10天内所学的功课，其成绩分及格与不及格两等，不及格的要受处罚。二是岁考，在年终举行，考查一年内所学的课程，成绩分上、中、下3等，下等为不及格，须重新学习。如果3次不及格，在学期间延长至9年（律学生为6年）。仍不及格的，令其退学。三是毕业考，在修业期满前举行，各学学生能通二经与"俊士"（唐代庶民入四门学读书的，称为俊士）能通三经者，才准予参加。及格后，可以出校应省试（由尚书省礼部主持的科举考试）；愿意继续求学的，四门学毕业生与太学毕业生可分别补入太学与国子学。

再次是有关学生入学时，必须向教师行"束脩（音 xiū）之礼"的规定：国子学和太学学生每人送绢 3 匹，四门学学生每人送绢 2 匹，律学、书学与算学学生每人送绢 1 匹；送绢之外，每人还应赠送酒 1 壶、肉 1 案；束脩要分成 5 份，3 份赠给博士，2 份赠给助教。实行这一规定的目的在于表示尊师，并增进师生感情，与政府发给教师的俸禄无关。此外，还有在校学生有膳食供给的规定等。

中央旁系的学校

这类学校包括弘文馆、崇文馆、医学、崇玄学与小学。

弘文馆与崇文馆并称"二馆"。弘文馆由门下省直辖。唐高祖武德四年（621 年）曾置修文馆。弘文馆即是武德九年（626 年）时，由修文馆所改设。崇文馆由东宫直辖，设立于太宗贞观十三年（639 年），原名崇贤馆。后于高宗上元三年（676 年）因避太子李贤名，改称崇文馆。弘文馆与崇文馆是唐代官学中最为贵族化的学校，专招收皇帝、皇太后、皇后的亲属和宰相、中书、黄门侍郎等高级官员的儿子，共收 50 名。其中，弘文馆学额为 30 名，崇文馆学额为 20 名。二馆的教师为学士（弘文馆后又设讲经博士），教学内容为儒家经典，与国子学、太学相同，但学生的程度却低于国子学与太学。

医学由隶属于中书省的太医署直辖，设立于唐高祖武德七年（624 年）。下设医学、针学、按摩、咒禁

4门专业，各门专业分别由博士1人任教，医、针2专业还各设助教1人协助博士教授。医学专业学额为40名，内分体疗（内科）、疮肿（外科）、少小（儿科）、耳目口齿（五官科）、角法（拔火罐等疗法）5科，以《神农本草经》、《针灸甲乙经》、《脉经》为共同必修课。针学专业学额为20名，教授学生识别人体的经脉、穴位等，以针灸治疗疾病。按摩专业学额为15名，教授学生以消息导引的方法治疗内科疾病，此外兼习正骨术，治疗跌打损伤类疾病。咒禁专业学额为10名，教授学生驱除所谓鬼魅的咒禁术。这是一种违背科学的迷信活动。政府对医学的管理很严格，每月末由博士主持一次考试，每季由太医令丞主持一次考试，每年末尾由太常丞总试一次，及格的毕业，待遇与国子监所管辖的学校毕业生相同。

崇玄学由礼部下面的祠部直辖而隶属于尚书省，设立于玄宗开元二十五年（737年），又名崇玄馆、通道学。设博士1人、助教1人，学额为100名。学习内容为《老子》、《庄子》、《文子》、《列子》等。

小学隶属于中书省下面的秘书省，设立于唐高祖武德元年（618年），专门教授皇族子弟与功臣子弟，是一种初级的贵族学校。

除以上两类学校外，唐代中央机关中，有些机关还兼具进行专科教育的性质。如司天台设天文博士2人、历博士1人，前者教授天文观生90人、天文生50人，后者教授历生55人；太仆寺设兽医博士4人，教授学生100人。门下省所设校书郎，负责校理典籍、刊正错误,其职员有拓书手、笔匠、熟纸装潢匠、楷书等,还招收学生38名进行训练。

从以上可以看出,唐代的专科教育是相当发达的,特别是上承隋代所设的算学与新设的医学两种实科学校已完全定型。隋唐时期的这类实科学校,是世界教育发展史上最早出现的实用专科学校。

(2)唐代的地方官学。唐代的地方官学是按地方行政区域分别设立的,分为直系与旁系两类。唐朝的地方行政区域,在太宗时分为10道,玄宗开元时分为15道。道的下面设有府或州,府或州的下面设有县。一县之内又分若干乡和市镇。由地方设立的直系学校,府、州有府学、州学,县有县学。县以下还有市学、镇学,但并不经常设置。以上各学全归长史管理。地方的旁系学校,有设于各府、州而由中央中书省太医署直辖的医学,以及设于各府、州而由中央礼部下属祠部所直辖的崇玄学。各府、州、县的地方直系学校均设有博士、助教,学生的名额也有明确规定,入学资格为八品官以下的儿子和庶民子弟,所学课程也是儒家经典,但程度比较低。学生只须通一经便可毕业。毕业后,可升入四门学,也可参加科举考试,或由地方官委任职务。他们在地方学校学习期间,除学习儒经以外,还要学习吉、凶二礼。当地方上的官府或私人举行吉凶仪式时,他们必须前去演习。各府、州所设的医学设有博士、助教,学额有明确规定,而各州崇玄学的学额则无明确规定。

(3)唐代的私学。唐代的私学很普遍。不少著名学者都曾聚徒讲学。如精通"三礼"的名儒王恭曾教授于乡里，有弟子数百人。另一位名儒马嘉运（？~645）在太宗贞观初年隐居于白鹿山，四方前来受业的有1000人。隋代大儒王通的五世孙王质寓居于寿春时，"专以讲学为事"，也有许多人从他受业。当时的私学除了传授儒学以外，也有传授其他学问的。如国子博士尹知章（？~718）在国子学当博士，每日回家还收私徒讲学，讲授的内容就有老庄之学。李善（？~689）在寓居于汴、郑期间，专门讲授《昭明文选》。著名文学家柳宗元（773~819）在被贬为柳州刺史后，曾向前来求教的士子热心传授写作方法。经他言传口授后，这些士子的写作水平有了显著提高。

除了以上由经师名家从事的私学教育外，唐代还有另外两种私学：一种私学是民间的蒙学，为小学阶段的教育。白居易的挚友元稹（音 zhěn）在为《居易集》所写的序文中提到：他曾在水平市见到"村校"的学童们在朗诵诗歌，便把他们叫过来询问，学童们说：他们朗诵的是老师教给他们的"乐天（白居易的字）、微之（元稹的字）诗"。这说明当时的蒙学除了进行识字教育外，还很重视诗歌的教学。当时的蒙学课本有无名氏的《太公家教》、李瀚的《蒙求》等。另一种私学是个别私人创立的书院。这里有必要提到，唐玄宗开元年间朝廷相继设立有乾元书院、丽正书院与集贤书院，但这类书院主要是一种图书的搜集、校理与收藏机构，与作为学校性质的书院并不是一回事。唐代私人讲学、授业的书院有刘庆霖设立于吉州东北

（今江西永丰）的皇寮书院，幸南容设立于高安的桂岩书院等。不过也应看到，唐代具有学校性质的书院为数极少，作为一种教育组织，它还只是萌芽。

（4）唐代的留学生。唐代学校有一个十分引人注目的现象，这就是当时邻近国家派到中国来学习的留学生很多。如高丽、百济、新罗和日本都曾派遣学生前来学习。据记载，新罗王兴光在玄宗开元年间曾送子弟到唐朝国都长安，"入太学，学经术"（《新唐书·新罗传》）。唐朝后期，更有大批新罗学生来到中国。文宗开成五年（840年），新罗留学生一次回国的即达105人。日本向中国派遣留学生开始于隋代，进入唐代以后更为频繁。唐代，共有13批日本留学生与学问僧随同遣唐使来到中国。他们的留学没有固定年限，少则几年、十几年，多则二三十年甚至更长时间。其中，阿倍仲麿（701～770）的事迹最为出名。阿倍仲麿在中国的姓名叫晁衡（又作朝衡），他于开元初年来到长安，曾在太学攻读儒经，后任左补阙等职。他与大诗人李白、王维曾结下诚挚的友谊。玄宗天宝年间，他随遣唐使返国，由于途中遇到风暴，当时曾误传他在海上遇难。李白闻讯后，饱含激情写下了《哭晁卿衡》的动人诗篇："日本晁衡辞帝都，征帆一片远蓬壶，明月不归沈碧海，白云愁色满苍梧。"表达了深切的悼念之情。但晁衡并没有死，他奇迹般地又重返长安，在唐朝政府中继续任职，再也没有离去，最后卒于长安。另如吉备真备也曾在中国留学17年之久，博通三史、五经与天文、历算等。回国后，不遗余力地传播唐朝文化。此外,唐代的日本著名留学生高向玄理、南渊清安、膳大丘、大和长岗与学问僧空海、最澄等人,也都为中日文化交流做出了各自的贡献。

(5)科举制度与唐代学校。唐代的学校有一个以往朝代的学校所不具备的特点,即学校与科举制度的关系相当紧密。这主要表现在以下两点:

第一,官学开始成为科举考试的预备场所。前面提到,中国的科举制度起源于隋朝大业年间。不过,这种制度在隋代仅仅具备雏形,只是到了唐代才渐趋完备。唐代科举考试的考生来源有三个方面:一是"生徒",即中央官学和地方官学的毕业生;二是"乡贡",即由各州县考送的学业有成的士子;三是"制举",即由皇帝亲自下诏考选的"非常之才"。对前两类,唐代设有一定的考试科目,并经常举行考试,所以称为"常科";而面向"非常之才"的"制举"所设置的考试科目,名目繁多,但并不经常举行,所以又称"特科"。这种状况意味着官学毕业生是科举考试的主要考生来源之一。因此,官学从此成了科举考试的预备场所。

第二,官学的教育内容也受到科举考试内容的制约。正是由于官学毕业生是科举考试的主要考生来源之一,所以,科举考试的内容也势必直接影响官学的教学内容。唐代科举常设的考试科目有"明经"、"进士"、"秀才"(考治国方略)、"明法"(考法令知识)、"明字"(考文字知识)、"明算"(考算术),合称"六科"。又有"一史"(考《史记》)、"三史"

（考《史记》、《汉书》与《后汉书》）、"开元礼"（考开元年间所定礼仪制度）、"道举"（考道家经籍）等科。其中，以考"明经"、"进士"二科为最盛。唐代，这二科的考试内容虽有变化，但大体说来，明经科重视帖经（任取经书一页，掩住两边，只露中间一行，再用纸贴住该行的几个字，要求考生将被贴的字填出）、墨义（命考生默写经文或注疏大义）；进士科初期重视时务策（有关时务的对策），后来重视诗赋。在此影响下，唐代国子学、太学、四门学与地方直系官学的教学内容，以儒家经典为中心，并重视学习诗赋与时务策。中央官学中律学、书学、算学所学习的课程，分别以科举所设"明法"、"明字"、"明算"三科的考试内容为依据。此外，科举考试中那种重记诵不重义理、重文辞不重实学的风气，同样影响到官学，成为官学的风气，从而制约着学生思想的发展。所有这些都表明，就教学内容而言，唐代官学已为科举考试所左右，并沦为科举考试的附庸了。

不过应看到，科举制度使朝廷选士有了一定的客观标准，这同只讲门第的九品中正制相比，显然是一种历史的进步。由于唐代科举设有多项科目，唐代官学的教学内容比以往更为丰富。所以，科举制度对唐代学校教育的发展具有一定的积极作用。

8. 五代十国时期的学校

自907年开始，中国历史进入五代十国时期。这一时期，在黄河流域相继出现了后梁、后唐、后晋、后汉、后周五个朝代，故称"五代"；在长江流域以南和山西地区，先后出现过吴、南唐、吴越、楚、闽、南汉、前蜀、后蜀、南平、北汉十个割据政权，故称"十国"。这是中国历史上又一个分裂、动荡的时期。

在这样的历史条件下，总的来说，官学是衰落的。不过，在个别统治者当政的时期和地区，官学曾有所兴举。如后唐明宗天成三年（928年），规定国子监学生名额为200名，入监学生须先由学官考试。又命各地设置州学。后周世宗显德二年（955年），曾在大梁（今河南开封）天福普利禅院设国子监，并修建学舍。在十国中，南汉曾于高祖乾亨四年（920年）设立官学。南唐则不仅在都城金陵（今江苏南京）设置学官，开设国子监，还曾于烈祖升元（937~943年）间，在庐山五老峰下的白鹿洞创设了一所庐山国学（又名白鹿国学、白鹿国庠、白鹿洞国学等）。委派国子监九经李善道为洞主，负责教学工作，并设置学田以供生徒所需。据记载，南唐国子监与庐山国学的生徒都不下数百人。特别是庐山国学，由于它曾培育出不少人才，并且是宋代以后的白鹿洞书院的前身而十分著名。不过，庐山国学这样的事例，在当时的官学中是十分少见的。

这一时期，官学虽然衰落，私学却仍在持续发展，并成为士子读书求学的主要场所。当时，有不少儒士隐居教授。如范县人张直以《周易》、《春秋》教授，受业的人不惜"自远而至"；诸城人齐得一通五经，教授于乡里,一些士大夫的子弟不远百里,前来受业;临淄人石昂家中藏书数千卷,许多士子前来向他问学,有的士子还长期住在他家,由他供应饮食。有的私学还颇具规模。如后蜀的毋昭裔就曾"出私财百万"营建了一所学馆。另外,唐代萌生的书院幼芽也在继续滋长。如德安有义门书院(又名东佳〔音zhuī〕书堂,始建于唐末),太和(今江西泰和)有匡山书院,奉新有梧桐书院,洛阳有龙门书院,登封有太乙书院,渔阳(今天津蓟县)有窦禹钧所建的书院。这些书院或由创建人亲自教授生徒,或礼聘儒士担任教师。有的书院藏书较多,如窦禹钧的书院藏书数千卷,并能为家境贫寒的士子提供所需的学习条件。有的书院还有专供解决办学经费问题的学田。

八　宋代的学校

公元960年，赵匡胤建立宋朝，定都开封，史称北宋。1126年，北宋灭亡。次年，赵构在南京（今河南商丘）称帝，后南迁，定都临安（今浙江杭州），史称南宋。1279年，南宋为元军所灭。两宋共历时320年。这一时期，中国的封建学校教育在继承唐代学校教育的基础上，发展到了一个新水平，不仅官学教育制度更加完善，私学教育持续发展，书院制度也臻于成熟。

1　宋代的官学

宋代初期，封建统治者为了加强中央集权统治，大力提倡科举，广泛取士。这虽对巩固封建统治起了一定作用，但由于忽视了官学教育，因而并不能满足统治者对于人才的需要。另外，科举制度的推行，在士子中造成了不务实学的风气，从而引起了一些有识之士的批评。为了改变这种局面，宋代统治者曾三次兴办官学。第一次是在北宋仁宗庆历四年（1044年），由参知政事范仲淹发起"庆历兴学"。第二次是在北宋神宗熙宁（1068～1077年）、元丰（1078～1084年）间，王安石两次为相时发起"熙宁、元丰兴学"。第三次是在北宋徽宗崇宁（1102～1106年）间，蔡京为相时发起，并延续到宣和初年的"崇宁兴学"。这三次兴学虽然都未能持续下去，但对于促进宋代官学的发展及其各项制度的建立，作用还是很大的。

宋代官学与以往朝代不同的特点主要有：第一，专科学校增多，新设了武学与画学这两个前代从未设立过的学科。第二，与以往朝代地方官学由地方长官兼管不同，宋代自神宗熙宁四年（1071年）开始，陆续设置诸路学官。崇宁时，又设置诸路提举学事司，从而使官学的教育管理体制更加完备。第三，唐以前的学校一直没有固定经费。五代时，南唐虽曾为庐山国学设置学田，但当时尚未成为一种制度。宋代自乾兴元年（1022年）起，对中央官学与地方官学除直接拨给经费外，还一再颁赐学田，开始使政府为学校提供较为固定的经费成为一种制度。

（1）宋代的中央官学。宋代的中央官学就其归属而言，有直属于国子监管辖的国子学、太学、辟雍、广文馆、四门学、武学、律学、小学等；有直属于中央有关各局管辖的算学、书学、画学、医学等；有直属于中央政府管辖的宗学、诸王宫学、内小学、道学等。就性质而言，国子学、太学属于大学性质；武学、律学、算学、书学、画学、医学属于专科学校性质；小学属于初等学校性质；宗学、诸王宫学、内小学属于贵胄学校性质；辟雍、广文馆、四门学、道学属于特殊学校性质。

国子学

宋代的国子学有时又称为国子监，二者名异实同。一方面，它是全国官学的最高管理机关。其掌管者，最初设置判监事 2 人，直讲 8 人，丞、主簿、书库、监官各 1 人。神宗元丰以后，改设祭酒 1 人，总管国子监与所属各学校，下设司业、丞与主簿各 1 人，分别掌管各项事务。另一方面，它又是全国的最高学府。起初，其入学资格规定为七品以上官员的子孙，后改为八品以下官员与庶民的子孙也可入学。生徒原无定额，庆历兴学时，定为 200 名。学习内容为儒学经典。该学长期办理不善，徒具虚名。北宋时，就有不少学生空挂学籍，久不来校。南宋后期，国子生员中滥竽充数者更为增多。

太学

太学是宋代中央官学的主体，在宋代中央官学中办得最有成效。该学创立于庆历四年（1044 年），入学资格限于八品以下官员的子弟和庶民中的"俊异"者。最初只收 100 人，后递增至 200 人、300 人，熙宁初定额 900 人。熙宁四年（1071 年），王安石创立太学三舍法，将生员分为外舍、内舍、上舍三等。刚入学的为外舍生，最初不限名额，后定额 700 人；外舍生经过考试，成绩达到第一、第二等的，一年可升内舍生，名额为 200 人；内舍生经过考试，成绩达到优、平二等的，两年可升上舍生，名额为 100 人；上舍生经过考试，分为三等，上舍上等者直接授以官职。以上太学生共计1000人。神宗元丰二年（1079年）时，增加学舍至80斋，每斋30人，太学生共增至2400人。崇宁时，有上舍生200人、内舍生600人、外舍生3000人，共计3800人。

南宋绍兴十二年（1142年），太学生名额为300人，次年增至700人。后来，虽然曾一再增加，但因国势贫弱，远没有达到北宋的人数。

太学的教学内容以儒家经典为主，但经历过几次重要变动：起初以五经为教材；熙宁以后，学习王安石的《三经新义》；徽宗政和（1111～1117年）间蔡京当国时，又将黄老之学列入课程；到南宋时，又恢复以五经为教材，并在南宋末将"四书"列入课程。此外，太学生还要习射并学习诗、词、赋等。

太学的教职员很多。设有博士10人，负责分经教授并考查学生学业与对学生进行训导。另外，设有学正5人、学录5人（共同负责执行学规与对学生进行考核、训导），职事学录5人（负责与学正、学录一同执行学规），学谕20人（负责将博士所授经义传谕学生），直学4人（负责学籍管理与稽察出入）。80斋每斋还设斋长、斋谕各1人，负责管理本斋学生并考查其操行与学业。

太学的考试包括学行考查与学业考试两个方面。学行考查是平时对学生操行与学业的考查。具体做法是：由斋长、斋谕按月登记本斋学生的操行与学业，到一季的末尾，依次送交学谕、学录、学正、博士、司业、祭酒处，逐级审核，年终统一评定高下，登记造册，作为升舍时的参考。学业考试则分为两种：一种是私试，每月举行一次；另一种是公试，每年举行一次。私试第一个月试经义，第二个月试论，第三个月试策，均由学官主持。公试初场试经义，次场试策、论。北宋时，公试由学官主持；南宋时，另外派大臣主持。

太学对学生的管理很严。对于违反学规的学生规定了5种处理办法。其中较重的处罚是"迁斋"，更重的处罚是"下自讼斋"隔离反省，最重的处罚是用"夏楚"（体罚学生的用具）扑打，然后开除学籍。尽管如此，在面临民族危亡的时刻，太学生们还是一再冲破学规的禁锢，积极投身于爱国政治活动。如北宋宣和七年（1125年）十二月，正当金军长驱南下，直逼开封时，太学生陈东（1086～1127）等伏阙上书，要求将卖国求和的蔡京、王黼（音 fǔ）、童贯、梁师成、李彦与朱勔（音 miǎn）6人处死。宋朝廷迫于形势，只好将王黼贬官（后被杀），其余5人或被赐死，或被贬官流放。靖康元年（1126年）二月，当金军兵临开封城下，宋廷罢免主战派李纲时，陈东又率领太学生数百人到宫门前上书，要求重新起用李纲抗金，京师数万军民也涌向皇宫，声援陈东等人的行动。宋廷无奈，不得不将李纲复职。宋代太学生们的这种爱国行动，在中国学校史上写下了光辉的一页。

武学

武学创立于庆历三年（1043年），设有武学教授，不久即停办。熙宁五年（1072年）重建，挑选文武官员中知兵者为教授。学生定额100人，学习期限为3年。学习内容为诸家兵法、历代用兵成败的经验教训、忠臣义士的事迹及骑射等技术。如有学生愿意学习兵阵，则酌量调拨部队供他们演习之用。元丰间，改教授为博士。南宋高宗绍兴十六年（1146年），再次重建。绍兴二十六年（1156年），设博士、学谕各1人，分六斋进行教授。

律学

宋代律学创立于神宗熙宁六年（1073年），设教授4人任教。学生来源有两种：一为官吏，一为举人。但举人入学，须经两名官吏保举。刚入学者，先要作为备取生听讲一段时间；然后经考试（学习断案的，试案一道；学习律令的，试大义五道）及格，才能成为正取生。

算学

宋代算学设立于徽宗崇宁三年（1104年），隶属于太史局。学生来源分为官吏与庶民两种，定额210人。教材有《九章算术》、《周髀算经》、《海岛算经》、《孙子算经》、《五曹算经》、《张丘建算经》、《夏侯阳算经》等。此外，每人还须兼学一小经或一大经。

书学

宋代书学设立于崇宁三年，隶属于翰林院书艺局。学习篆、隶、草三体，并须通晓《说文》、《字说》、《尔雅》、《博雅》、《方言》。此外，还须兼通《论语》、《孟子》。如愿兼通大经亦可。

画学

画学的创立年代与算学、书学相同,隶属于翰林院画图局。学生分为"士流"与"杂流"两种。学习内容分佛道、人物、山水、鸟兽、花竹、屋木6个方面。同时,还要学习《说文》、《尔雅》、《方言》、《释名》。士流、杂流分斋居住。士流每人须兼习一大经或一小经,杂流则须兼习小经或读律。

医学

宋代医学设立于宋初。最初隶属于太常寺,神宗时隶属于提举判局。崇宁间,隶属于国子监。后改隶太医局。分设方脉、针、疡三科。方脉科以《素问》、《难经》、《脉经》为大经,以《巢氏诸病源候论》、《龙树论》、《千金翼方》为小经。针科与疡科的教材则减去《脉经》而增加三部针灸经。

宗学

宗学设立于宋初,但废置无常。神宗时又曾设宗学,不久即废。哲宗元祐六年(1091年),再置宗学。南宋高宗绍兴十四年(1144年),又重建宗学于临安。宗学分为小学与大学两级,学生都是皇族、皇亲的子孙。

诸王宫学

诸王宫学在北宋时已设立,南宋继续设立。同宗学一样,也是大小学混合设置。宁宗时并入宗学。

内小学

内小学创设于南宋理宗时,专门挑选10岁以下的宗室子弟入学。

国立小学

该学建立于神宗元丰间，分为"就傅"与"初筮"两斋。徽宗时，在校学生近1000人，分为十斋。南宋绍兴十四年重建。

辟雍

宋代的辟雍又名"外学"，相当于现代大学的预科。前面提到，神宗熙宁时，王安石创立太学三舍法，太学生员的最低一级称为"外舍生"。徽宗崇宁元年（1102年），朝廷命建辟雍于京城南门外，以专门容纳外舍生，太学中只留下上舍生与内舍生。各州学学生被选送到中央的，先入辟雍修业，经考试及格才能补入太学。宣和三年（1121年）废止。

广文馆

宋代的广文馆类似于临时性的补习学校，宋初设立。凡各地来京参加科举考试的士子与落第举人都可以入馆听讲。哲宗元祐七年（1092年），生徒多达2400人。此后废置无常。

四门学

宋代的四门学设立于仁宗庆历三年（1043年），也是为预备科举而设。凡八品以下官员与庶民的子弟均可入学。学习期限为一年。但不久就停办了。

道学

徽宗因受道士林灵素的影响，于政和六年（1116年）立道学。宣和二年（1120年），该学罢废。

（2）宋代的地方官学。宋代的地方行政分为三级：第一级为路；第二级为州、府、军、监；第三级为县。

由于各路只设学官而不设学,所以地方官学只有两级,即由州、府、军、监所设的州学、府学、军学、监学与由县所设的县学。又由于宋代各地设州治的为多,府、军、监则不常设,所以,地方官学实际上主要是州学与县学。

宋代初期,由于统治者忽视官学教育,州、县学为数很少。一直到庆历四年(1044年),朝廷才颁诏命诸路州、军、监分别设立学校,学者达200人以上的准许设立县学。从此,州、县学才开始广为设立。"熙宁、元丰兴学"之时,由于朝廷命诸路设置学官并颁赐学田,地方官学有了进一步发展。"崇宁兴学"之时,朝廷进而取消了对县学的限制,命天下州、县一律设学,并令县学增加名额。于是,州、县学更加得到迅速发展。南宋初,统治者对于地方官学仍能予以重视,但由于政治腐败、财政拮据以及受科举制度影响等原因,南宋时期的州、县学愈来愈流于有名无实。

宋代地方官学的教师称为教授,州学2人,县学1人。统治者对教师的资历十分重视,规定必须是进士出身和上舍生毕业的人才能充任。教材主要是儒家经典。生员也采用三舍法。县学生经选考可升入州学。州学生经过3年的学习可贡入太学,考试成绩为上等的补入上舍,入中等的补入下等上舍,入下等的补入内舍,其余的为外舍生。

在宋代的地方官学中,办得最有成效的当推胡瑗(音 yuàn,993~1059)所主持的苏、湖二州学。胡瑗,字翼之,学者称安定先生,海陵(今江苏泰州)

人。他曾先后受范仲淹、滕宗谅的聘请，相继任教于苏州州学与湖州州学，为期长达20余年。在此期间，他创立了著名的"苏湖教法"。这种教学法的核心内容是，在学校中分设"经义"、"治事"二斋，因材施教。经义斋学习"六经"，治事斋学习政治、军事、水利、历算等。要求学生各以学习某一专业为主，同时兼学另一专业。这种分斋教学方式，体现出一种注重培养学生的实际才能、倡导实学的精神。他在教学中还很重视进行直观教学，并带领学生进行实地考察。例如，他在湖州州学任教时，曾将《周礼》、《仪礼》与《礼记》中所记载的用于礼仪的器物绘制为图，悬挂于讲堂，以加深学生对这些器物的印象。他还曾与滕宗谅一起，带领学生数人自吴兴赴关中游历。当他们途经潼关，徒步登山，来到山腰的关城门前时，极目四望，眼见滔滔黄河绕过潼关城，汹涌澎湃地奔向东去，华山与中条山雄伟峙立，景色十分壮观。他不禁感慨地说："来到这里，我们就可以谈论什么是山川了。求学的人怎么可以不亲眼目睹一下如此壮丽的景色呢！"（参见丁宝书《安定言行录》）由于胡瑗教学有方，成效显著，四方学子纷纷慕名前来受业。他的"苏湖教法"在"庆历兴学"之时，曾被朝廷下诏定为太学的教学法，在中国教育史上有着深远的影响。

2 宋代的私学

宋代私学主要包括两种类型：一类是供年龄较长、

文化程度较高的学子从事学问或学习科举文字的经馆，另一类是教授儿童蒙学的处所。

前一类私学一般由经师名儒主持。如宋初的经学家孙奭（音 shì，962～1033）曾师事王彻。由于他善于解说经义，王彻去世后，王彻的数百名门人都转而从他受业。真宗时，处州学者周启明教授于乡里，有弟子 100 余人。仁宗时，福州经师陈烈深受乡人敬重，从学者经常有数百人。南宋文学家王十朋（1112～1171）早年也曾聚徒教授，受业者有 100 人左右。此外，著名学者胡瑗、周敦颐（1017～1073）、张载（1020～1077）、程颢（音 hào，1032～1085）、程颐（1033～1107）、朱熹（1130～1200）、陆九渊（1139～1193）等，也都从事过私学教育。宋代这类私学的一个显著特点是，规模一般都不太大。但从总体上看，其发展还是超过了唐代。

后一类私学既有常年开设的义学、义塾、家塾、私塾等，也有农闲时开设的冬学。设置十分普遍，这类私学中的教学内容，以识字、习字为主。同时很重视传授历史知识、名物常识，以及教授蒙童学诗、作文，并进行道德行为规范的教育；所用蒙学教材有《三字经》、《百家姓》、《千字文》、《千家诗》等。

3 宋代的书院

宋代，特别是南宋时期，书院有了很大的发展。其原因主要有以下几点：一是宋初统治者一度忽视官学教育，后来，官学虽有些发展，但到了南宋时期，由于受科举制度的影响，官学有名无实的状况愈来愈严重。这种状况使得士子求学成为一种社会问题，而具有教育功能的书院正有助于解决这一社会问题。二是两宋时期，中国传统的儒学发展到理学阶段，由于理学家们大都以书院作为研究和传播学术的阵地，所以，理学的发展势必会促进书院的发展。三是书院以藏书为主要功能之一，这意味着，书院的发展离不开书籍的大量流通。正是在两宋时期，产生于唐代的雕版印刷业有了很大发展。此外，北宋时的平民毕昇还发明了活字印刷术。这些都为书籍的大量流通提供了前所未有的有利条件。

宋代的著名书院有兴起于宋初的善化（今湖南长沙）岳麓书院（976年建）、星子白鹿洞书院（宋初在原南唐庐山国学旧址上建）、应天（今河南商丘）睢阳书院（又名应天府书院，1009年在原戚同文讲学旧居旁建）、登封嵩阳书院（原名太乙书院）、衡州（今湖南衡阳）石鼓书院（997年在原唐代李宽书院遗址上建）、金坛茅山书院（宋真宗时建）、奉符（今山东泰安东南）泰山书院（宋初建）与徂徕书院（宋初建），以及南宋时创建的善化城南书院、崇安武夷精舍（后称武夷书院，又称紫阳书院）、贵溪应天山精舍（又名应天山书院，后名象山书院）、建阳竹林精舍（后名沧州精舍、考亭书院）、金华丽泽书院、严州（今浙江建德东北）钓台书院、丹徒淮海书院、太平州（今安徽当涂）天门书院、上元（今江苏南京）明道书院、吉州（治今江西吉安）白鹭洲书院、铅山鹅湖书院、玉山怀玉书院等。这些书院就创建者而言，既有民办的，也有官办的。有些书院还曾得到朝廷的赐额、赐书或赐田，个别书院还曾直接被改为官办的府学。此外，南宋时期，朝廷还曾直接任命过一些书院的主持人。因此，从整体上看，虽然宋代书院的性质并非官学，但不再像唐代、五代十国时期具有教育功能的书院那样完全属于私学了。

宋代，曾在书院讲学或担任主持人的著名人物，大多数都是理学发展史上的大家。其中有与胡瑗并列为"宋初三先生"的理学先驱孙复（992~1057）、石介（1005~1045），还有号称"理学开山"的周敦颐，洛学的创立人与宋明理学的奠基者程颢、程颐，南宋理学湖湘学派的代表人物胡安国（1074~1138）、胡宏（1105~1155）、张栻（音 shì，1133~1180），闽学（又称考亭学派）的创立人与宋代理学的集大成者朱熹，婺学（又称吕学或金华学派）的创立人吕祖谦（1137~1181），心学（又称象山学派）的创立人陆九渊等。此外，北宋时期的著名学者李觏（音 gòu，1009~1059）、文学家曾巩（1019~1083），南宋时期以倡导事功之学而著称的永康学派代表人物陈亮（1143~1194）、永嘉学派代表人物叶适（1150~1223）等，也都从事过书院教育。

在以上这些书院教育家中间，朱熹对书院发展的贡献最大。朱熹，字元晦，一字仲晦，号晦庵，徽州婺源（今江西婺源）人，出生于南剑州的尤溪（今福建尤溪），曾先后侨居于崇安武夷山与建阳的考亭。他于绍兴十八年（1148年）中进士后，由泉州同安县主簿历官至焕章阁待制兼侍讲。不过，他一生中所从事的主要活动并不是仕宦，而是教育与学术。他曾在城南书院、岳麓书院、白鹿洞书院与自己所创立的武夷精舍、竹林精舍等多所书院从事过讲学、授徒活动。其中，又以他在白鹿洞书院从事的教育活动最为引人注目。这主要是因为，在这所书院里，他除了亲自讲学以外，还为该书院制定了一份学规，即著名的《白鹿洞书院学规》。这份学规将道德教育置于书院教育的首位，明确提出了书院的教育宗旨是进行"父子有亲，君臣有义，夫妇有别，长幼有序，朋友有信"的"五伦"教育；明确规定了书院生徒的为学顺序包括"博学"、"审问"、"慎思"、"明辨"、"笃行"五个步骤，并对书院生徒在"修身"、"处事"、"接物"三个方面如何"笃行"，分别提出了基本要求。由于宋理宗在淳祐元年（1241年）曾亲笔手书这份学规赐予太学，从此，这一学规被愈来愈广泛地推行于南宋后期及元、明、清各代的书院，并成为书院总的教育方针，同时对官学也产生了深远的影响。这一学规的出现，是中国书院制度在宋代（主要是南宋时期）臻于成熟的重要标志。

除此以外，中国的书院制度在宋代臻于成熟的表现还有以下几个方面。

（1）书院的管理机构趋于健全。宋代书院主持人的名称有"山长"、"院长"、"洞主"、"山主"等，其中以称"山长"者为多。除山长外，宋代书院的管理人员还有副山长、堂长、学录、直学、斋长、斋谕等。各个书院这类管理职务的设置不尽一致。书院生徒一般不分籍贯。在对生徒的管理方面，不少书院都是采用分斋制。

（2）书院教育已经制度化。在教学内容方面，宋代书院以儒家经典为主要教材；同时，不同学派的代表人物及其门徒，在他们所主持或讲学的书院中还分别传授本学派的学说。在教学组织形式方面，不仅升堂讲学已成为书院中流行的主要讲学形式，而且还出现了生徒代讲、生徒试讲与教师讲说相结合等讲学形式。宋代书院还很重视生徒的自学。书院中的讲学活动是与生徒的自学相辅而行的。讲学者一般不对儒家经典进行系统的讲解，而是在生徒自学的基础上，每次只选择儒经的某一章或儒家学说中的某一观点进行阐述。此外，特别应当提到的是，这一时期的书院还形成了会讲制度（这种会讲有时在书院之外举行）。宋代书院史上最早一次著名的会讲是在乾道三年（1167年），朱熹到长沙拜访张栻（音 shì）时，曾与张栻会讲于岳麓书院，讨论《中庸》之义。另一次著名的书院会讲发生在淳熙八年（1181年）二月，当时，正值朱熹任知南康军并兴复白鹿洞书院之时，陆九渊为请朱熹书写吕祖谦所撰陆九龄（陆九渊之兄）的墓志铭，率弟子专程来南康相访。朱、陆二人学术观点一向不同，6年以前，两人曾应吕祖谦的邀请，与陆九龄等人会讲于铅山的鹅湖寺（即著名的"鹅湖之会"），就为学方法是"泛观博览而后归之约"还是"先发明人之本心,而后使之博览"的问题,展开过一场辩论,结果谁也没有说服谁。尽管存在着这类思想上的分歧,但陆九渊此次到来后,朱熹还是很热情地邀请他到白鹿洞书院讲学。于是,两人一同来到白鹿洞书院,同登讲席。陆九渊即席讲解了《论语》中的"君子喻于义,小人喻于利"一章。朱熹听后,认为陆九渊对"义利"问题的阐发,切中当时学者"隐微深痼之病",便起身离席说:"熹当与诸生共守,以无忘陆先生之训。"并一再讲:"熹在此不曾说到这里,负愧何言。"(《陆九渊集·年谱》)随即又请陆九渊将所讲的内容写为讲义,以便保存。不久,还将这份讲义刻在石碑上,立于书院之内,以供生徒们随时观览、学习。这种为其他学派提供讲坛,并刻石立碑的作法,成为不同学派在同一书院中开展学术交流的范例,在学术史上被传为美谈。

(3)讲学、供祀与藏书三种功能兼备的书院规制定型。宋初,岳麓书院不仅建有供教师讲学用的讲堂,供藏书用的书楼,而且还设像供祀孔子及其弟子诸先贤。到了南宋,伴随着讲学、供祀、藏书"三大事业"的长足发展,典型的南宋书院形成了由礼殿(又称圣殿、大成殿或燕居堂等,系供祀孔子的处所)、祠堂(系供祀与该书院有关的先贤处所)、讲堂、斋舍(系生徒肄业、居住的处所)、书楼(或书库、藏书室)等所组成的较为完备的建筑格局。南宋时期,为了适应书院生徒学习与书院本身藏书的需要,有些书院还具备了刻印图书的功能。

（4）书院的经费收支已形成规制。宋代书院一般都有学田，以学田的田租作为经费收入的主要来源。此外，有的书院还有其他项目的收入。宋代书院的经费支出，主要用于供给书院管理人员与生徒之所需以及书院的祭祀费用等。

九 辽代、西夏、金代的学校

公元916~1234年，约略为五代十国与两宋的同一时期，生活在中国北部与西北部地区，原处于奴隶制阶段的契丹族、党项族与女真族分别建立了辽、西夏与金三个政权。这三个政权基于培养人才以巩固自身的统治，以及加速本民族封建化的需要，都曾大力兴学，从而对扩大中国学校教育所辖地区及古代少数民族教育的发展，做出了各自的贡献。

1 辽代的学校

916年，契丹族首领耶律阿保机（辽太祖）自立为帝，国号"契丹"。两年后，在今内蒙古昭乌达盟巴林左旗南波罗城营建皇都，后改皇都为上京。947年，耶律德光（辽太宗）改国号为"辽"（后又曾重称契丹）。1125年，辽王朝灭亡。辽代共历时210年。

辽代的学校制度系仿效中原地区建立起来的。在耶律阿保机当政时，就曾在上京设置国子监，作为中央的教育行政机关，内设祭酒、司业、监丞、主簿等官，并于监下设国子学。耶律德光时，于南京析津府（今北京）设立太学，又称南京学。道宗当政初年，又在上京与东京辽阳府（今辽宁辽阳）、西京大同府（今山西大同）、中京大定府（今内蒙古昭乌达盟宁城西大明城）同时设学，分别称之为上京学、东京学、西京学、中京学，与南京学合称"五京学"。各学分别设置博士、助教各1人，并由朝廷颁赐五经及其注疏。清宁六年（1060年），道宗又在中京设置中京国子监，所设官职与上京国子监相同，从而形成了辽代中央官学的体系。

辽代的地方官学有府学，如黄龙府、兴中府，分别设有黄龙府学与兴中府学。此外，还有州学与县学。这些地方学校均分别设有博士与助教。

辽代还建有书院，如翰林学士邢抱朴就曾在河阴县（今山西山阴东南）建有龙首书院。

2 西夏的学校

1038年，党项族首领李元昊（音 hào）自立为帝（夏景宗），国号"大夏"，建都兴庆府（今宁夏银川）。宋人称之为西夏。1227年，西夏政权灭亡。该政权共历时190年。

西夏统治者在建国之初就很重视学校教育。景宗元昊曾于天授礼法延祚二年（1039年）创建蕃学，命大臣野利仁荣主持，将《孝经》、《尔雅》、《四言杂字》等书籍翻译为西夏文字，选拔党项与汉族官僚子弟入学学习。学成后，出题试问，对成绩优秀、书写端正者，授予官职。崇宗（李乾顺）时，又采纳御史中丞薛元礼关于应当重视儒学教育的建议，于蕃学外另建国学，以传授汉学。该学设置教授，招收学生300名，并设立养贤务，专门负责该学的食用供给。仁宗（李仁孝）当政时，在发展中央官学方面采取了新举措：（1）人庆元年（1144年），在宫廷内设立皇家小学，入学资格限定为7～15岁的宗室子弟。仁孝时常偕同"爱行汉礼"的皇后罔氏，亲临训导。（2）人庆二年（1145年），仁孝又仿效中原的学制，设立了太学。他不仅亲自到太学向"先圣先师"行释奠礼，还对太学师生分别给予赏赐。（3）人庆五年（1148年），仁孝又建立内学，并亲自挑选名儒进行训导。以上举措对于促进西夏儒学进入鼎盛时期起了重要作用。

　　西夏的地方官学早在西夏建国之初就已开始设立。当时，元昊除在中央设立蕃学外，还曾下令在各州设置蕃学，并各设教授从事教学。后来，仁孝在致力于发展中央官学的同时，也十分重视地方官学的发展。人庆元年，仁孝曾下令在各州县设立学校，从而使西夏学生的总数增加到3000人。

　　1957年，在北京曾发现过一本刻有"西夏揆文书院重刻"牌记的书籍。该书虽然不是真正的西夏刻本（真正的西夏刻本应称"大夏"，参见张秀民《辽、金、西夏刻书简史》），但却说明西夏曾经建有揆文书院，且该书院已有刻书活动。

3 金代的学校

1115年,女真族完颜部首领阿骨打建国称帝(金太祖),国号"大金",定都于会宁府(今黑龙江阿城南)。太宗天会三年(1125年),金兵灭辽,次年灭宋。于海陵王天德五年(1153年)与宣宗贞祐二年(1214年)迁都于中都(今北京)与汴京(今河南开封)。1234年,金王朝灭亡。金代共历时120年。

金代的学校教育制度主要是仿照宋朝。中央设有国子监,作为统辖国子学与太学的机关。监内设有祭酒、司业各1人,掌学校丞2人,后又增加掌学校丞1人,负责兼管女真学。官学体制分为中央学校、地方学校与特殊学校三类。

中央学校有两种:一是国子学。该学始设于天德三年(1151年),设有博士、助教、教授等,规定招收词赋、经义学生共100人。入学资格限于宗室、外戚、皇后"大功以上"的亲属以及诸位功臣、三品以上官员的兄弟或子孙,并且规定,入学年龄需在15岁以上。年龄不到15岁的,则入该学所附设的小学学习。二是太学。该学始设于世宗大定六年(1166年),设有博士与助教。学额起初定为160人,后来,改定为招收五品以上官员的兄弟或子孙150人。另外,还招收各府荐举者及终场举人250人,共计400人。教材有九经(《易》、《书》、《诗》、《春秋左氏传》、《礼记》、《周礼》、《论语》、《孟子》、《孝经》),以及

《史记》、《汉书》、《后汉书》等"十七史"与《老子》、《荀子》、《扬子》。该学对学生的管理较严，违反学规者要受惩罚，不遵从教导的开除学籍。

地方学校有府学与州学。府学创设于世宗大定十六年（1176年），计17处，学生共有1000人。大定二十九年（1189年），增设府学24处，招收学生905人。另外，在节镇（设置节度使的大州）设节镇学39处，招收学生615人；在防御州（防御使司所在之州，低于节镇，高于刺史州）设防御州学21处，招收学生235人。诸府、州学各设教授1人。

特殊学校有四种：一是女真国子学，专为女真族子弟而设，创立于大定十三年（1173年），以新科进士为教授。学额分为策论生100人、小学生100人。规定每谋克（金代军政合一的基层政权单位，初制300户为一谋克）取2人；宗室每20户如无愿意入学者，则取"有物力家子弟"（即地主子弟）年龄在13岁以上、20岁以下者代充。二是诸路女真府学，共22处。与女真国子学同时设立，入学资格与女真国子学相同。三是京外医学，即在都城以外各府、州所设的医学，分为十科。规定每月都要考试疑难，根据成绩优劣予以奖惩。每3年由太医考试一次，非医学学生也可通过考试补为医官。四是宫廷学校，系专为教授宫女而设。教官称为宫教。授课时，以青纱作为屏障将宫教与宫女隔开，不许见面。宫女有不认识的字形或不了解的字义，只能在障内用手指着字，借助于透过青纱的光线使字形显现出来，向宫教请问，再由宫教在障外予以讲解。张建任宫教期间,所教宫女中,以李师儿的领悟能力最强,但张建始终不知道她是谁,只知道她的声音清亮。有一次,金章宗向张建了解宫女中谁最可教,张建只好回答说:"她们当中那位声音清亮的宫女最可教。"章宗根据张建所说的声音特点在宫女中寻找,才知道他说的是李师儿(事载《金史·章宗元妃李氏传》)。

金代官学有一个突出的特点,即各级学校的学生都由政府供养。章宗泰和元年(1201年),曾定"赡学养士法",给予每个学生民佃官田60亩,年收粟米30石。国子生每人给108亩。由于待遇优厚,学生自然很多。宣宗兴定五年(1221年),改为每月给通宝(钱币名)50贯,学生日减。后来,又增到每人给田40亩。

金代不乏私人办学的事例。如大名人王汝梅曾任伊阳簿,后隐居教授,向来学者传授《法经》与经学。又如曾任安国军节度判官的东平人高霖(?~1215),因父丧归至故里后,也曾开办私学,门下生徒常有数百人之多(高霖后曾任兵部尚书、中都留守等职)。

金代也曾建有书院,如武城的弦歌书院、日照的状元书院等。

十　元代的学校

公元1206年，蒙古族首领铁木真（元太祖）在斡（音wò）难河畔建立了蒙古政权，被尊称为成吉思汗。随后，成吉思汗及其后继者不断向西和向南进行武力征服。南下的蒙古军先是攻灭西夏，后又联合南宋灭掉金国。中统元年（1260年），成吉思汗之孙忽必烈（元世祖）继承兄长蒙哥（元宪宗）的汗位。至元八年（1271年），世祖忽必烈改国号为"大元"。次年，建都大都（今北京）。至元十六年（1279年），元军灭南宋，统一全国。顺帝至正二十八年（1368年），元王朝的统治被明军推翻。元代共历时98年（自忽必烈定国号算起）。这一时期，中国古代少数民族教育愈加兴旺，学校教育制度在某些方面也有较为突出的发展。

1 元代的官学

元代官学分为中央官学与地方官学。前者，元朝政府所设的行政管理机构有国子监、蒙古国子监与回回国子监；后者，元朝所设行政管理机构有诸路儒学提举司与医学提举司。国子监创立于世祖至元二十四年（1288年），设有祭酒、司业、监丞、典簿、令史、译史、知印、典史诸官。蒙古国子监创立于至元十四年（1277年），初设祭酒，后陆续增设司业、监丞、令史、必阇（音 shé）赤（蒙古语，意为"书史"）、知印诸官。回回国子监创立于仁宗延祐元年（1314年），官制不详。诸路儒学提举司与医学提举司分别创立于世祖中统二年（1261年）与至元九年（1272年）。

（1）元代的中央官学。元代的中央官学有国子学、蒙古国子学与回回国子学三种。

国子学

元代的国子学创立于世祖至元六年（1269年），后隶属于国子监。学额起初为80名，后增加到400名。另设陪堂生（旁听生）20名。学生不分种族，蒙古人、色目人（元代对西北各族以及来自葱岭以西的人的统称）与汉人（指原来属于金统治下的汉族人与契丹、女真、渤海等人）均可入学。入学资格限于宿卫大臣子孙、卫士世家子弟与七品以上朝官子孙。平民中的优秀者，须经随朝三品以上官员保举，能充当陪堂生。学官有博士、助教、学正、学录、司乐、典籍、管勾、典给等，分掌教务与杂务。

国子学初分三斋。课程安排为：先学《孝经》、《小学》、《论语》、《孟子》、《大学》、《中庸》，然后学《诗》、《书》、《礼记》、《周礼》、《春秋》、《易》。仁宗延祐二年（1315年）改分六斋。六斋东西相向，按学生程度分为上、中、下三等。其中，下两斋左名"游艺"、右名"依仁"，凡诵书，讲说《小学》与学习诗文对仗者编入这两斋；中两斋左名"据德"、右名"志道"，凡讲说《四书》与学习诗律者编入这两斋；上两斋左名"时习"、右名"日新"，凡讲说《易》、《书》、《诗》、《春秋》与学习经义程文（科场考试应试者进呈的文章）者编入这两斋。各斋学生的人数不等。

国子学的考试分为升斋试与私试两种。升斋试按季进行，中两斋学生每季考试列优等的升上斋，下两斋学生每季考试列优等而又未违反学规的升中斋。当汉人升至上两斋，蒙古、色目人升至中两斋，而且坐斋已满两年又没有违反学规的，即可参加按月进行的考试亦即私试。私试的具体规定是：汉人学生孟月（每季的第一个月）考试经疑一道，仲月（每季的第二个月）考试经义一道，季月（每季的第三个月）考试策问、表章、诏诰一道。蒙古、色目学生在孟月、仲月各考试明经一道，季月考试策问一道。试卷上等者给一分，中等者给半分。满一年积分在 8 分以上的升为高等生员。以 40 名为限，蒙古、色目人各 10 名，汉人 20 名。生员坐斋满 3 年以上的，可参加科举考试，享有与举人同等的资格。

国子学还制定了严格的黜罚条例。主要有：凡是应私试的积分生员，如不学习功课及违反学规，初犯罚一分，再犯罚二分，三犯除名；已补高等生员，如违反学规，初犯停试一年，再犯除名；在学生员，旷课半年以上的除名；汉人生员3年不能通一经与不肯勤学的，勒令退学。

显而易见，以上元代国子学的分斋与考试积分办法及其所定黜罚条例，是对宋代三舍法的继承与发展。

还可以看出，元代国子学的考试办法与黜罚条例对汉人限制较严，而对蒙古人与色目人的要求较宽，这绝非偶然。元朝统治者为了维护其自身的利益，将全国各族人分为四等：第一等是蒙古人，第二等是色目人，第三等是汉人，第四等是南人（指原属南宋统治下的各族人）。上述国子学的有关规定，正是这种民族歧视政策在学校教育领域内的反映。

蒙古国子学

创立于世祖至元八年（1271年），后隶属于蒙古国子监。学额起初没有规定，后来定为150名。其中，蒙古学生70名，色目学生20名，汉人学生60名。入学资格限于随朝蒙古、汉人百官及"怯薛歹"（禁卫军）官员子弟的优秀者。另外，还选拔庶民子弟充当陪堂生。学官有博士、助教、教授、学正、学录、典书、典给。学习内容主要为蒙古语。教材有用蒙古语译写的《通鉴节要》等。学成后进行考试，学业精通者授予官职。这所学校是中国最早的蒙语专科学校。

回回国子学

创立于世祖至元二十六年（1289年），后隶属于回回国子监。学额为50名。入学资格限于公卿大夫与富民之子。教学内容为"亦思替非"文字（回回文，即波斯文），目的在于为各官衙培养翻译人才。

(2) 元代的地方官学。元代地方官学有3种。

普通性质的地方官学

属于这类学校的有：设于诸路的路学（创立于世祖至元九年，1272年），设于诸府的府学，设于诸州、县的州、县学，以及附设于诸路学与各县学之内的诸路小学（创立于世祖至元二十八年，1291年）。路学学官设教授、学正、学录各1员；府学与上、中州学学官设教授1员；下州学学官设学正1员；县学学官设教谕1员。另外，路、府、州学还分别设置直学以掌管钱谷。至于诸路小学则选老成的士人任教。

专门性质的地方官学

属于这类学校的有：诸路医学，创立于世祖中统二年（1261年），后归太医院下属的医学提举司管理。学习内容主要以《素问》、《难经》等医经文字为主，但要求必须兼通"四书"（即《大学》、《中庸》、《论语》、《孟子》），否则不许行医。诸路蒙古字学，创立于世祖至元六年（1269年），招收诸路府州官子弟与民间子弟入学。入学生徒可以免除杂役。诸路阴阳学，创立于世祖至元二十八年（1291年），隶属司天台。学习内容既有天文、历算等自然科学，也有占卜等迷信之术。

社学

创立于世祖至元七年（1270年）。这一年，元朝政府颁令在农村推行社制。立社条例规定，以50家为一社，每社立学校一所，挑选通晓经书者担任社学教师，农闲时命子弟入学学习。至元二十五年（1288

年),全国社学共达24400余所。后来,逐渐遭到废弃。

另外,元代地方官学也仿照宋制,设置学田。元朝政府还明文规定:学官职吏对学田如以熟为荒,减额收租,或收受钱财,纵容豪强侵占兼并及巧立名目,冒支学田收入的,必须予以查究。

元代的私学

元代的私学颇为兴盛。有不少经师名儒从事私人讲学。例如,经学家熊朋来(1245~1322)在元初曾隐居于家乡南昌,教授生徒,受业者常有数百人。后来,他因受荐举,出任庐陵教谕等职。晚年回到家乡后,仍继续授徒,前来受业的门人住满了他住宅附近的房舍。著名理学家许衡(1209~1281)、刘因(1249~1293)、吴澄(1249~1333)、安熙(1270~1311)、许谦(1270~1337)等,也都从事过私人讲学活动。据载,许谦长期隐居于东阳八华山,开门讲学。他以向学生传授学问为自己人生一大乐事。他曾说:自己有了知识,让别人也能知道,岂不是很快乐的吗!在这种思想的指导下,他不知疲倦地给学生们讲解经书,经常和他们一起讨论问题,循循善诱地给他们解惑释疑(参见《元史·许谦传》)。由于他善于教学,名声愈来愈大。近处的荆、扬、吴、越,远处的幽、冀、齐、鲁,都有士子赶来,从他受业。在他讲学期间,门下弟子登记在册的计有1000余人。

除了经师名儒从事私人讲学以外,元代家塾、私塾、义塾等私学形式也相当普遍。如文学家虞集(1272~1348)的父亲虞汲就曾受聘于江西行省左丞董士选家塾中教授其子。后来董士选调任南台御史中丞后,刚刚踏上独立生活道路的虞集,也曾在他家担任塾师。

元代私学有一个很突出的特点,这就是私学师生所属的民族,除汉族外,还有蒙古、契丹、党项、畏兀儿等族以及阿拉伯人。如蒙古族的月鲁不花曾受业于名儒韩性(1266~1341),契丹族的耶律有尚(1235~1320)曾受业于许衡,先世为大食国(西域阿拉伯国家)人的赡思(1278~1351),青年时代曾从翰林学士承旨王思廉(1238~1320)受业。又如哈剌鲁氏(金代住牧于巴尔哈什湖东海押立周围地区)的后裔伯颜(1295~1358),自幼从塾师学习儒经,后受业于黄坦。伯颜曾任翰林待制等职,因病免官后,在濮阳教授生徒,四方来学者多达1000余人。党项族的余阙(1303~1358)年轻时也曾教授生徒。从这里可以看出,元代私学对于促进当时中华民族的大融合,以及东西文化的交流起了一定作用。

3 元代的书院

在元代,中国的书院得到了进一步发展。这同元朝廷对书院所采取的提倡和鼓励政策是分不开的。早在元太宗(窝阔台,1186~1241)时,行中书省事杨惟中随皇子阔出攻宋,就曾搜集理学家的著作送往燕京(今北京),在燕京创建了一所太极书院。中统二年(1261年),元世祖还曾颁诏,要求地方官按时在孔庙与书院进行祭祀活动,明令军政人员不得对书院侵扰亵渎,违者加罪。元王朝统一江南后,朝廷为了笼络汉族知识分子,对于书院不论其为官办还是民办,一概采取扶植政策。世祖至元二十八年(1291年),朝廷曾颁诏明文宣布:凡"先儒过化之地、名贤经行之所与好事之家出钱粟赡(供给)学者,并立为书院"(《元史·选举志一》),从而有力地推动了书院的发展。

元代新建的著名书院除太极书院外,还有兰溪仁山书院、仁和(今浙江杭州)西湖书院、咸宁(今陕西西安)鲁斋书院、长安正学书院、崇仁草庐书院、新安(今河北安新)静修书院、常熟文学书院、上海清忠书院、南阳诸葛书院、长沙东冈书院、歙(音shè)县师山书院、滕县性善书院、鄄(音juàn)城(治今山东鄄城北)历山书院、曲阜尼山书院与洙泗书院等。原有的著名书院,如善化岳麓书院、星子白鹿洞书院、庐陵白鹭洲书院、丹徒淮海书院、铅山鹅湖书院等分别得到兴复或扩建。

元代曾在书院讲学或充任主持人的著名人物有赵复、李治(1192~1279)、金履祥(1232~1303)、吴澄、马端临(1254~1323)、同恕(1254~1331)、黄泽(1260~1346)、袁桷(音jué,1266~1327)、安熙、程端礼(1271~1345)、

祝蕃（1280~1347）、郑玉（1298~1358）、宋濂（1310~1381）、陶安（1312~1368）等。他们之中，大多数是理学家。

在书院教育方面，由于元仁宗在皇庆二年（1313年）颁布的诏书中，将程朱理学钦定为科举考试取士的准绳，所以程朱的著作也成为元代书院中仅次于儒家经典的主要教材。此外，元代书院在指导生徒读书学习方面有了显著进展。这种进展主要是由程端礼所著《读书分年日程》引起的。《读书分年日程》依据朱熹门人所辑录的《朱子读书法》，将青少年学生的读书学习按年龄划分为8岁入学以前、8岁入学之后至15岁以及15岁以后三个阶段，拟定了在这三个阶段中学生学习的程序。《读书分年日程》为后来的一般儒学教育及书院教育提供了行之有效的具体指导。明代以后的许多书院在课程安排上，都曾不同程度地受到它的影响。

元代书院最突出的特点是：朝廷极力使它官学化，这在书院的组织管理方面表现得尤为明显。具体体现主要有以下几点：一是规定书院山长由礼部或行省及宣慰司任命，品级相当于下州的学正，从而将山长不仅列入学官，而且纳入了官吏的升迁系统。二是书院设直学一职以掌管钱谷，其地位在山长之下，也由政府委派。三是书院生徒经地方官举荐与监察部门考核，可以被任用为学校的教官或政府的吏员。从这里可以看出，元朝政府比宋朝政府大大地强化了对于书院的控制。不过，官学化主要是其中官办书院的特征，元代仍有不少民办书院保持着私学传统。

十一　明代的学校

公元 1368 年，朱元璋（明太祖）建立明朝，定都南京，此后又历经 20 年的北伐、南征，使全国重新统一。永乐十九年（1421 年），明成祖迁都北京。崇祯十七年（1644 年），明王朝被李自成领导的农民起义军推翻。明代共历时 277 年。这一时期，官学、私学与书院都比较发达。

1 明代的官学

明代官学分中央官学与地方官学。中央官学主要是国子监，地方官学主要是府、州、县、卫儒学。此外，还有武学、宗学、医学、阴阳学与孔、颜、孟三氏学等。

（1）国子监。明代国子监原名国子学，设立于朱元璋即位的第二年（1369 年）。当时将应天（今江苏南京）府学改为国子学。后于洪武十四年（1381 年）下令，另建学舍于鸡鸣山下（次年建成）。次年，改国子学为国子监，设有祭酒、司业、监丞、典簿、博士、助教、学正、学录、掌馔、典籍等官，各负其责。成祖永乐元年（1403年），又设北京国子监。永乐十九年，迁都北京后，原京师国子监改为南京国子监，而北京国子监则成为京师国子监。

明代国子监的学生统称监生。洪武（1368～1398年）、永乐（1403～1424年）间，监生人数很多，"以数千计"，后逐渐减少。监生按入学资格主要分为四类：一是举监，即由翰林院从参加会试落第的举人中选送入监肄业的学生；二是贡监，即从各地方官学生员中选送入监肄业的学生；三是荫监，即以品官子弟或勋戚子弟的身份入监肄业的学生；四是例监，即以庶民身份向政府捐资纳粟而被准入监肄业的学生。其中，贡监分为岁贡、选贡、恩贡、纳贡。岁贡：各府、州、县学起初每年各贡1人入监，后屡有更改，最后定为府学每年贡2人，州学每两年贡3人，县学每年贡1人；选贡：自孝宗弘治（1487～1505年）间始，每3年或5年，由提学通过统一考试，选取学行兼优的学生充贡入监；恩贡：即遇国家庆典或皇帝登极之年入监的岁贡生；纳贡：指生员因纳资而入监肄业的学生。荫监又分为官生（京官三品以上子弟入监肄业的学生）、恩生（死于忠谏及死节等官员子弟入监肄业的学生）、功生（因系勋戚子弟而入监肄业的学生）。此外，国子监还吸收高丽、琉球、日本等国的学生入监学习，称为"夷生"。

学生的学习内容主要为"四书"、"五经"，并兼学刘向《说苑》、《大明律》、书数（即六书、九数之学)、御制《大诰》、《性理大全》。此外，每日都要练习书法。有时，还要习射等。教学活动分六堂进行。学生仅通四书而未通五经的，入"正义"、"崇志"、"广业"三堂；肄业一年半以上，文理通畅的升入"修道"、"诚心"二堂；再肄业一年半以上，经史兼通、文理兼优的升入"率性"堂。对升入"率性"堂的学生采用积分制，按月进行考试。每次考试，文理俱优的给一分，理优文劣的给半分，文理俱劣的无分。一年以内，能积满8分的为及格，即可毕业。达不到8分的仍需继续肄业。

明代国子监曾实行监生"历事"制。这在中国学校史上是一个创举。此项制度创始于洪武五年（1372年），又称"拨历"。做法是：将已完成学业的国子监生分拨到政府的各衙门实习吏事（称为"历事监生"或"历事生"），实习期限依部门与工作性质的不同而有所区别（有三月、半年、一年等）。建文（1398～1402年）时定考核法，将历事生分为上、中、下三等。上等选用，中、下等仍须历事一年。再次考核列上等的按上等品级任用；列中等的不拘品级，随才任用；列下等的回监读书。

明代国子监的学生享有前代未有过的优厚待遇，不仅伙食由国家供应，而且衣服、鞋帽、被褥也都由国家发给；每逢节庆，另有赏钱；已经结婚的学生，妻子由国家供养；未婚的历事生，由国家赐钱婚聘；回乡探亲的学生，还发给路费。但与此同时，明代国子监对学生的管理之严，也为前代所不可比拟。明代国子监所订学规十分苛刻，凡穿戴、行走、饮食、出入都有具体要求。如有违犯，即由监丞登记在"集愆簿"上，根据违犯次数的多少，分别给予记过、决责（以杖刑责罚）、充军的处罚。此外，还规定：教师授课，学生只能"立听讲解"；如有疑问，"必须跪听"。学生回乡探亲与完婚，逾期方归的要流放远方，罚充吏员。如有"毁辱（诋毁、侮辱）师长"的，要"杖一百"，并发配云南充军等。后来，明太祖向国子监的学官与学生训话时明令：对"诽谤师长"的，不仅要将其人枭首示众，而且要将其"全家抄没，人口迁发烟瘴地面"（《南雍志》卷10《谟训考》）。明朝统治者对国子监学生之所以采取如此严厉的管束与惩罚手段，目的在于将他们训练成对明王朝绝对服从的臣僚，以强化明王朝封建专制主义的统治。

（2）武学。明惠帝建文四年（1402年）曾设京卫武学，永乐时废弃。英宗正统六年（1441年）与正统七年，相继在北京与南京分别建立武学，主要招收都司（明代一省的最高军事机构都指挥使司的简称）、卫所（明初于各军事要地设卫，分属各省都司，统由中央的五军都督府管理，卫下设千户所与百户所）之内应承袭父兄职务，且年龄在10岁以上的武官子弟，由提学官选送入学。所教读之书分为两类：一类为《论语》、《孟子》、《大学》，另一类为《武经七书》与《百将传》。每人从两类中各选一书学习。同时，也吸收都指挥等官入学读书听讲。除了在两京设有作为中央官学的武学以外，明朝政府在地方上也曾设有武学。

（3）宗学。明代宗学不止一所。按规定，各王府均应设置（宗人不多的可不设）。入学资格限于年龄在10岁以上的亲王世子（明制，亲王的嫡长子得封为世子）、郡王长子以下的宗室子弟。学习内容以《皇明祖训》、《孝顺事实》、《为善阴骘（音 zhì）》诸书为主，并兼学"四书"、"五经"、《通鉴》与性理等书。其教师出于王府长史、纪善、伴读、教授中。若宗子众多，则分设数师，或从宗室中推举1人为宗正（万历年间，开封的周王府最先设置）担任主管，后又增宗副2人。学习期限为5年。每年由提学官主持考试，后改为一律由科举出身。

（4）府、州、县儒学与卫、司儒学。明代自洪武二年（1369年）以后，在府、州、县、卫设府学、州学、县学、卫学，统称儒学。又在地方上设都司儒学、行都司儒学、都转运司儒学与宣慰司、安抚司等土司儒学。其中，府学设教授1人、训导4人，州学设学正1人、训导3人，县学设教谕1人、训导2人，都司儒学、行都司儒学与卫学分设教授1人、训导2人，都转运司儒学设教授1人、训导4人。

府、州、县学的学生统称生员，内分廪（音 lǐn）膳生、增广生与附学生3种。明初，生员有定额，即规定府学40人、州学30人、县学20人，对每个生员按月供给食米（"月廪食米"）与鱼肉。不久，政府即颁令增广生员人数，不限定额。宣宗宣德（1425～1435年）间，政府将增广生员的名额确定下来，规定在京府学60人，在外府学40人，州、县学依次减少10人。于是，将享有原定额内廪米待遇的生员，称为廪膳生，后来增广的称为增广生。由于要求入学的人愈来愈多，又于额外增取，附于以上两种生员之末，称为附学生（后将初次入学的均称为附学生，廪膳生与增广生则由附学生经考试升补，参见下文）。至于都司儒学、行都司儒学与卫学，均为教育武官子弟而设，其学生称为军生。宪宗成化（1464~1487年）时曾对卫学学额作出规定：四卫以上军生80人，三卫以上军生60人，二卫、一卫军生共40人；都司儒学与行都司儒学军生共20人；土司子弟允许进入附近儒学就学，无定额。

明代地方儒学的学习内容，太祖洪武初年定为专习一经，以礼、乐、射、御、书、数设科分教。到洪武二十五年（1392年），"定礼、射、书、数之法"。具体要求是：学生必须熟读精通朝廷所颁经史、律令、诏诰、礼仪等书；每月的初一与十五，习射于射圃；日习名人法帖500字以上，并精通《九章算术》。明代地方儒学还订有周密的考试制度。学生每月都要由教官进行一次月考。此外，还要由各省提学官于在任三年内进行两次考试。第一次是"岁考"，将学生成绩分为六等：一等可依次补为廪膳生，二等可依次补为增广生（一、二等均有奖），三等照常，四、五、六等分别给予惩责、降级、除名的处分。第二次是"科考"，对岁考列入一、二等的生员进行复试，名列前茅者可获得参加乡试的资格。

明代地方儒学的学规也很严格。洪武十五年（1382年），明太祖曾颁布禁例于全国学校，并下令将禁例镌刻于卧碑，"置于明伦堂之左"。内中规定，生员不得"轻至于公门"（《大明会典》卷78）、不许谏言等，"如有不遵，并以违制论"（同上）。此外，明朝政府还屡颁禁令，如规定，倘若生员"傲慢师长"，要"依律问罪"（同上）。廪膳生在学6年仍"不谙文理"的罚充吏员，增广生在学6年仍"不谙文理"的罢黜为民。

此外，明代地方儒学都设置学田，以解决办学经费和师生的伙食之用。

（5）社学。明代社学的普遍设立，始于洪武八年（1375年）。当时，朱元璋曾颁诏命令各地官吏建立社学，并延聘教师以教民间子弟。孝宗弘治十七年（1504年），再次下令各府、州、县建立社学。社学的入学年龄一般为8～14岁。学生除了学习《百家姓》、《千字文》等书外，还要兼学御制《大诰》与明朝律令。并要求在读书的同时，"讲习冠、婚、丧、祭之礼"。社学中的"俊秀向学"者，准许补为儒学生员。自明代中叶以后，此项制度渐趋废弛。

（6）医学与阴阳学。明代于洪武十七年（1384年）设府、州、县三级医学，分别设正科1人、典科1人、训科1人为学官。同年又设府、州、县三级阴阳学，分别设正术1人、典术1人、训术1人为学官。政府对这两类地方学校的学官均不给予俸禄。

（7）孔、颜、孟三氏学。明代曾经在曲阜设有孔、颜、孟三氏学，命孔子、颜回与孟子的后裔入学学习。神宗万历十五年（1587年），又增加曾参后裔，更名为四氏学。

明代的私学

明代有不少经师名儒从事私人讲学。如明初的梁寅（1303~1389），博通五经与诸子百家之说，"结庐石门山"，教授生徒。不少士子从各地前来从他受学。人称"梁五经"。生活于明代中叶的王敬臣（1513~1595），曾师事理学家魏校（1483~1543），为学尤重"慎独"，有400多人从他受业。魏校的另一位弟子、著名文学家归有光（1506~1571）早年即精通五经、三史诸书。他中进士前，曾经在嘉定讲学，生徒经常有数百人。与他们同时代的泾阳人吕潜（1517~1578），曾师事著名理学家吕柟（音nán，1479~1555），其乡居时，曾与友人郭郛一同讲学于谷口洞中，四方来学者很多，"听者津津有得"（《关学编》卷4）。著名理学家王守仁（1472~1528）曾经一面做官，一面讲学授徒。据他的弟子钱德洪（1496~1574）为其所编的《年谱》中记载，仅武宗正德七年（1512年），他在京任职时，就有徐爱、朱节、王道等20人从其受业。此外，著名理学家曹端（1376~1434）、薛瑄（音xuān，1389~1464）、陈献章（1428~1500）、胡居仁（1434~1484）、蔡清（1453~1508）、冯从吾（1556~1627）等，都曾讲学于乡里。著名理学家湛若水（1466～1560）与吕柟等，也曾在做官的同时从事私学教育。

明代家塾、义塾、乡学等属于小学性质的私学也很多。这类学校对学生一般先进行识字、习字教学。所用蒙学教材，除了久已流行的《三字经》、《百家姓》、《千字文》、《千家诗》等书以外，还有明代新编的《小儿语》（吕得胜纂）、《续小儿语》（吕坤撰）、《龙文鞭影》（萧良友撰）等。对于已学会读写的学生，还要教读四书、五经与写诗、作文等。由于受到当时科举考试以八股文取士的影响，教学生做八股文也成为这类私学的教学内容之一。

3　明代的书院

明初，由于统治者将发展教育的重点放在兴办官学与提倡科举方面，对书院教育则不予重视。一般士子被官学的优厚待遇与锦绣前程所吸引，对书院的兴趣大减。所以，从洪武到天顺的近百年间，书院的发展缓慢而又沉寂。

成化以后，伴随着科举制度的日趋腐败与官学的日益衰落及其所导致的士风日坏，书院作为育才之地的作用，又逐渐引起人们的重视。另外，以王守仁、湛若水为代表的心学派理学家们，为了与垄断官学讲坛的程朱理学相抗衡，把书院视为从事研讨与传播心学派理学的重要基地，积极倡导并从事书院的创建与兴复工作，在书院大力开展讲学活动，从而使书院重又兴起。世宗嘉靖（1521～1566年）年间，达到极盛。

然而，书院自由讲学乃至议论政治之风的兴盛，随即引起力图加强封建专制的明王朝统治者的反对。所以，自嘉靖年间开始，在明代历史上曾发生过4次禁毁书院的事件。前两次相继发生在嘉靖十六年（1537年）与嘉靖十七年。这两次禁毁分别因御史游居敬、吏部尚书许赞的奏请而引起。不过，这两次禁毁对书院的影响都不大。

明代对书院的第三次禁毁发生在神宗万历七年（1579年）。这次禁毁是由首辅（明代对首席大学士的习称）张居正发起。这次禁毁比前两次规模更大、措施较严，先后有64处书院被毁。此次禁毁在具体执行中曾受到严重阻力，而万历十年（1582年）张居正去世后，书院的兴建与修复活动重又展开，所以就整个万历时期而言，书院的实际数量还是很多的。

第四次禁毁发生在熹宗天启五年（1625年），这次禁毁是由当时权倾朝野的宦官魏忠贤一手制造的。禁毁的起因主要同东林书院与东林党有关。东林书院亦名龟山书院，始建于宋代，位于无锡城东南，是著名理学家杨时（1053～1135）的讲学之地。该书院久已倾废。万历三十二年（1604年），罢官家居的顾宪成（1550～1612）与高攀龙（1562～1626）等，重建东林书院于杨时讲学故址，"大会四方之士"，开展讲学活动。以顾宪成、高攀龙为代表的东林书院的讲学者们，不满于武宗正德（1505～1521年）以来心学盛行一时的局面,以复兴朱学、上继周程为己任。同时,他们还倡导关心国事,在讲学的同时往往评论朝政、裁量人物,由此名声大振。朝中不少官员和他们互通声息,遥相呼应,从而形成了一支政治力量,被称为东林党。他们的主张主要有:要求整肃吏治,体恤商贾,以及反对矿监、税使的横征暴敛等。天启四年(1624年),魏忠贤秉政,政治愈加腐败。东林党人杨涟(他任常熟知县时,经常参加东林书院的讲会)、魏大中(高攀龙的弟子)等上疏弹劾魏忠贤,魏对其恨之入骨。于是自次年始,大兴党狱,大肆逮捕、迫害东林党人。魏忠贤还怀疑所有书院均为东林同党,为了从根本上打击东林党并翦除异己,他下令禁毁天下书院,从而使书院发展再次遭到厄运。直到天启七年(1627年)崇祯帝继位,魏忠贤被罢黜并自缢身亡之后,书院的兴建与修复活动才得以复苏。

这里有必要说明两点:一是在魏忠贤残酷地打击、迫害东林党人并禁毁书院的过程中,东林党人并没有被魏忠贤的淫威所吓倒,他们不畏强暴,同以魏忠贤为首的阉党进行了不屈的斗争。在东林书院被拆毁以后,有些师生仍继续坚持到书院废址从事讲习活动,表现出对阉党嚣张气焰的蔑视。二是明代的书院虽屡遭禁毁,但就数量之多和分布之广来说,其发展规模还是远远超过了宋、元时期。

明代新建的著名书院有建于成化间的辉县百泉书院,建于弘治间的三原宏道书院、杭州万松书院,建于正德间的龙场驿(今贵州修文)龙冈书院、安邑

(今山西运城)河东书院、南海(今广东广州)大科书院,建于嘉靖间的应天新泉书院、解州(今山西运城西南)解梁书院、会稽(今浙江绍兴)阳明书院、广德复初书院、扬州甘泉书院、宣化(今广西南宁)敷文书院、杭州天真精舍、安福复古书院、贵阳阳明书院、沅陵虎溪精舍、番禺(今广东广州)白云书院、永康五峰书院、昆明五华书院,建于万历间的休宁还古书院、西安关中书院、杭州崇文书院、武昌江汉书院,建于天启(1620~1627年)间的北京首善书院,建于崇祯(1627~1644年)间的会稽证人书院、余姚姚江书院等。除东林书院外,原有的著名书院,如星子白鹿洞书院、善化岳麓书院、登封嵩阳书院、庐陵白鹭洲书院、铅山鹅湖书院等,也分别得到兴复或重建。

明代曾在书院讲学或充任主持人的著名人物除了上面提到的王守仁、湛若水、顾宪成、高攀龙外,还有吴与弼(1391~1469)、胡居仁(1434~1484)、李梦阳(1472~1529)、马理(1474~1555)、吕柟(音nán)、何景明(1483~1521)、王艮(音gěn,1483~1541)、邹守益(1491~1562)、钱德洪、王畿(1497~1582)、罗汝芳(1515~1588)、李贽(1527~1602)、汤显祖(1550~1616)、邹元标(1551~1624)、冯从吾、刘宗周(1578~1645)、黄道周(1585~1646)等。他们大多数是理学家。

在书院的组织管理方面,明朝政府一般不向书院派遣学官,书院的主持人一般由地方官延聘或书院创建者自任。不仅如此,明朝政府对书院生徒的去向一般不予过问。不过,明代有些书院曾经出现过由学官兼管书院教事的事例,另外,还出现过由典史、推官主管书院教事的事例。这说明官学化的倾向在明代书院中也是存在的。

明代书院在讲会制度方面有了充分的发展。这一时期的书院讲会,是一种有固定会期、有组织的活动。如顾宪成亲自为东林书院所制定的《东林会约》中规定:该书院每年举行大会一次(或春或秋),除正月、六月、七月、十二月外的其余各月,每月举行小会一次,每次3日;讲会之日,与会者应按照先外地府县、次本府、又次本县(并各按年龄大小)的顺序入讲堂就坐;每次讲会,推举一人为主,讲说"四书"一章,然后进行答疑和商讨,等等。另外,该书院举行讲会时,还允许老百姓与儿童前往听讲。这表明,东林书院的讲会,已成为书院教学与地区性(同时又不以地区范围为限)社会学术活动紧密结合的一种组织形式。

十二 清代的学校（上）

公元1616年（明万历四十四年），女真贵族努尔哈赤（清太祖）在赫图阿拉（今辽宁新宾县境）建立后金政权，后迁都沈阳。其子皇太极（清太宗）于天聪十年（1636年）称帝，并改国号为"大清"。顺治元年（1644年），清世祖入关，定都北京。此后，逐渐统一了全国。清王朝统治下的中国社会，自清初到1840年（道光二十年）鸦片战争爆发前的近200年间，仍处于封建社会的历史阶段。这一时期的学校教育制度基本上依然承袭了明朝的旧制。

鸦片战争前的清代官学

（1）中央官学。

国子监

清代国子监又名太学、国学，设立于顺治元年。监内置祭酒（满、汉各1人）、司业（满、蒙、汉各1人）、监丞（满、汉各1人）、博士（满、汉各1人）、助教（汉6人）、学正（汉4人）、学录（汉2人）、典簿（满、汉各1人）、典籍（汉1人）等学官。其中：祭酒与司业总管监务；监丞负责稽考勤惰，纠正过失；博士、助教、学正、学录从事教学；典簿掌管文牍事务；典籍管理图书。自雍正三年（1725年）始，在祭酒之上，增设管理监事大臣1人，以督理监务。

清代国子监的学生分为贡生与监生两类，通称国子监生。贡生又分岁贡、恩贡、拔贡、优贡、副贡、例贡、功贡。岁贡：由各省每年从府、州、县学廪膳生中选送入监的学生；恩贡：沿用明制，遇国家庆典或颁布登极诏书，以当年的岁贡生为恩贡生；拔贡：从科试一二等生员中选拔入监的学生；优贡：每三年，由各省从府、州、县学的廪生与增生（廪膳生与增广生的简称）中选送入监的学生；副贡：在乡试中取得副榜，又经礼部复试后入监的学生；例贡：廪生、增生、附生（附学生的简称）或俊秀监生（庶民捐资已取得监生资格者）通过捐纳取得贡生资格的；功贡：清初曾定制，生员立军功二等的，准作监生，又立军功二等的，准作贡生，称为功贡。此制不久即废。监生分为恩监、荫监、优监、例监。恩监：指八旗汉文官学生与算学满、汉肄业生考取入监的学生，此外到国子监辟雍观礼听讲的"圣贤"后裔等，也可被"恩赐"监生；荫监：京官四品以上、外官三品以上的文职官员与京官、外官二品以上的武职官员，可送一子入监，称恩荫，此外死难官员可荫一子入监，称难荫；优监：府、州、县学附生与武生被选送入监的；例监：

指庶民通过捐纳取得监生资格者,并不一定在监肄业。

清代国子监沿袭明制,设"率性"、"修道"、"诚心"、"正义"、"崇志"、"广业"六堂,作为讲习之所。此外,还按学生是否住监,将他们分为内班(住监者)与外班(不住监者)。最初,内班共150名,每堂25名;外班共120名,每堂20名。乾隆(1736~1795年)初,改为内班180名,每堂30名,内、外班共计300名。嘉庆(1796~1820年)初曾规定,八旗与大兴、宛平两县肄业生因离家近,不许补入内班。此外,还有关于内班生旷大课一次或无故离学三次以上的,罚改外班等项规定。

清代国子监以"四书"、"五经"、《性理》、《通鉴》诸书为基本教材,并要求学生每日临摹晋、唐名帖数百字。乾隆二年(1737年)曾规定:课程依照宋代胡瑗分经义、治事二斋的遗法。学习经义的,或治一经,或于一经外兼治他经,要求必须学习"御纂"《周易折中》与"钦定"《书经传说汇纂》、《诗经传说汇纂》、《春秋传说汇纂》等书。对学习治事的,则教历代典礼、赋役、律令、边防、水利、天文、河渠、数学等,要求学生或治一事,或兼治数事。不久又规定,学生于学习经义或治事外,必须诵习"钦定"《四书文》(四书文系科举考试所用文体,即八股文)。

国子监的考试有小课、大课,统称月课。小课每月三次,即由博士厅(清代国子监所设机构之一)于初一考经文、经解、策论;助教于初二、学正、学录于十八日分别考四书文与诗、经文、策。大课每月一次，即由祭酒、司业于十五日轮流考四书文与诗。此外，还有季考。清初，国子监一度仿行明代的监生"历事"制，规定监生修业期满后，须分拨部院实习政事一年。同时还仿行明代的积分制。起初规定监生除常课外，每月另有月试，一年12次月试均列一等的为及格，可免予"拨历"。后改为选择成绩优异的监生，自其到监之日起，予以积分。月试一等的给1分，二等给半分，三等以下的无分，一年积满8分为及格。顺治十七年（1660年）终止积分法，康熙（1662～1722年）初，又终止"历事"制。监生修业期满后，送吏部考试，按照成绩，分别以州同、州判、县丞、主簿、吏目之职录用。

宗学

顺治十年（1653年），八旗曾各设宗学，选满洲生员为师，规定凡年龄在10岁以上的未封宗室子弟，均须入学学习清书（满文）。雍正二年（1724年）定制，在京师左右翼官房每翼各设满、汉学各一，称为左、右翼官学，由宗人府管辖。命王、公、将军及闲散宗室子弟，年龄在18岁以下的入学，学习清书、汉书（汉文），并兼习骑射。左、右翼宗学共设总理学务王公2人、稽察宗学京堂4人、总管4人、副总管16人、清书教习6人、汉书教习8人与骑射教习6人。嘉庆初规定，左右翼宗学学额分别为70名，后两翼宗学学额均增加到100名。

觉罗学

觉罗学的性质与宗学相同，并且也归宗人府管辖。

设立觉罗学的原因,是由于清代最初只设有专供宗室子弟入学的宗学,与宗室子弟同属皇族子弟的觉罗子弟(清代称努尔哈赤父亲的直系子孙为宗室,而称其旁系亲属子孙为觉罗)的就学问题尚待解决。觉罗学创立于雍正七年(1729年)。这一年,雍正皇帝颁诏,命八旗各自在该旗衙署旁设满、汉学各一,总称八旗觉罗学。凡8~18岁的觉罗子弟,均令其入学读书、习射。学成后,与旗人一同应科考试,并可考用中书、笔帖式。八旗觉罗学共设总理王公8人、稽察觉罗学京堂官8人、副总管16人、清书教习15人、汉书教习15人(这两种教习除镶白旗觉罗学为1人外,其余各学均为2人)与骑射教习8人。各学学额不同,最少的镶白旗觉罗学仅15人,最多的镶红旗觉罗学为64人。

八旗官学、景山官学与咸安宫官学

这三种官学均属于旗学(清代为八旗子弟所设学校的总称)。

八旗官学始设于顺治元年,隶属于国子监。起初,八旗各建学舍。顺治二年(1645年),改为每两旗各设官学一所。雍正六年(1728年),又改为每旗各设一学。学额屡有增减。自雍正五年(1727年)始,各学学额定为100名。其中,满洲学生60名,蒙古、汉军(清入关前,依满族八旗制度,将降附的蒙古人、汉人另编为八旗蒙古与八旗汉军,原所设八旗则被称为八旗满洲)学生分别为20名。后又命下五旗(即八旗中的正红、镶白、镶红、正蓝、镶蓝五旗)每学添设包衣（满语"包衣阿哈"的简称，即奴仆。下五旗的包衣为隶属于王公各府的家奴世仆）学生10名，其中，满洲学生6名、蒙古学生2名、汉军学生2名。各学均设有助教、教习。教学内容有满文、蒙古文、汉文、步射与骑射。

景山官学设立于康熙二十五年（1686年），地址在景山北上门（即景山正门）两旁官房内，隶属于内务府。挑选上三旗包衣佐领（又名内府佐领，系八旗中的镶黄、正黄、正白三旗包衣佐领的统称，此三旗包衣佐领下人系皇室的家奴世仆）下幼童360名入学。后允许于回子佐领（系由叶尔羌等处迁京的维吾尔人所编立）下选补学生4名。嘉庆间，定额为392名。其中，镶黄旗、正白旗均是124名，正黄旗140名，回童4名。设有总管、教习。教学内容为满文与汉文。

咸安宫官学设立于雍正七年（1729年），隶属于内务府，因地址在西华门咸安宫而得名。挑选上三旗包衣佐领幼童30名与八旗满洲"俊秀者"80名（每旗10名）入学。设有管理事务大臣、协理事务大臣、总裁、总管与教习。教学内容为满文、汉文与射箭。

算学馆

清康熙五十二年（1713年）在畅春园内设立算学馆，挑选八旗子弟入学学习。乾隆四年（1739年），算学馆隶属于国子监，称国子监算学。学额共60名，其中，满洲、汉人学生各12名，蒙古、汉军学生各6名。另外，乾隆十年（1745年），钦天监奏准，以肄业天文生24名交与算学馆附学肄业。设有管理大臣与助教、教习。学习期限为5年。

除上述外,这一时期的中央官学还有八旗教场官学、八旗世职官学、蒙古官学、唐古忒官学、盛京官学(以上均属于旗学),以及为俄罗斯来京留学生学习满、汉文与八旗子弟学习俄罗斯语分别设的俄罗斯学,为琉球留学生所设的琉球学等。

(2)地方官学。

府、州、县学

清代的府、州、县学通称儒学。其教官为:府设教授、训导,州设学正、训导,县设教谕、训导。府以上以及各省都设有专职学官,负责管理地方学校与教育行政、主持考试等事务。这种专职学官,顺治(1644~1661年)时大多称提学道。雍正四年(1726年)以后,通称提督学院(简称学院),官名则为提督某省学政,简称学政。

清代府、州、县学的生员分为廪膳生、增广生与附学生(沿袭明制,初入地方儒学的为附学生,入学后经过考试,成绩优等的可补为廪膳生,次等的可补为增广生)。廪膳生与增广生均有定额。士子未入学前,称为童生。童生入学需要经过3次考试,亦即由各县知县主持的县试、由各府知府主持的府试、由各省学政主持的院试。3次考试均合格的,才能取得入学资格,成为生员。

府、州、县学的学习内容有"四子书"(即"四书")、"五经"、《性理大全》、《资治通鉴纲目》、《大学衍义》、《历代名臣奏议》、《文章正宗》等。所定考试制度包括由教官主持的月课、季考与由学政主持的岁考、科考。月课、季考于四书文外，兼试策论。岁考、科考最初均为四书文2篇、经文1篇。后岁考内容定为四书文1篇、经文1篇、五言八韵试帖诗1首，并默写《圣谕广训》一则；科考内容定为四书文1篇、策1道、五言八韵试帖诗1首，并默写五经文一段、《圣谕广训》一则。可以看出，地方儒学的考试尤重四书文，这无疑是当时地方儒学完全成为科举考试预备场所的反映。

此外，清代的府、州、县学仿照宋、元以来的旧制，设有学田，以作为学校经费的重要来源。

社学、义学

康熙九年（1670年）清廷曾下令各省设置社学，要求各府、州、县及每乡设社学一所，选择文章与德行兼优者担任社师。凡担任社师者可免除徭役，并由政府发给薪俸。康熙五十二年（1713年），又命各省府、州、县"多立义学"，延师教读。按照规定，社学学生的入学年龄为12~20岁，社师教学有成效者有赏，如"怠于教习"，则予免职。此外，清廷还曾规定：云南威远、四川建昌、湖南永绥等少数民族地区的官立义学教师，教学有成效者"准作贡生"。

四氏学

清廷在曲阜为孔、颜、曾、孟四氏后裔设有四氏学。四氏学设教授、学录各1人，负责对四氏后裔的教育。四氏学的学录从孔氏后裔中的生员选拔，教授则由学录升补。

除上述外，这一时期的地方官学还有卫学、商学与土司学等。

鸦片战争前的清代私学

这一时期，有不少经师名儒从事私人讲学活动。如著名理学家孙奇逢（1584~1675）在明亡后，隐居辉县苏门山，讲学、授徒20余年，四方来学者甚众，有的甚至不远千里前来受业。他对于前来求教的人，能根据他们知识水平的深浅倾怀相告，使他们人人都能获得教益。直到去世前几天，他因病不能进食，仍然同门人、子孙"讲论不辍"。他的弟子王馀佑（1615~1684）学问渊博，曾长期隐居于易州（今河北易县）的五公山，教授生徒，前来从他受业者有数百人之多。又如著名学者何焯（音 zhuō, 1661~1722），博通经史百家之学，门人多达400名。对于其中有才而家境贫寒者，何焯还经常留他们在自己家里用餐。著名学者江永（1681~1762）也曾"楗（音 jiàn）户授徒"，有不少弟子。广东番禺的学者林伯桐（1778~1847），博通诸经，尤精《毛诗》，曾在家乡教授生徒100余人。此外，著名思想家黄宗羲（1610~1695）、颜元（1635~1704）、李塨（音 gōng, 1659~1733）、戴震（1723~1777），著名理学家陆世仪（1611~1672）、张履祥（1611~1674）、李颙（音 yóng, 1627~1705），著名学者张尔岐（1612~1677）、沈彤（1688~1752）、邵晋涵（1743~1796）、武亿（1745~1799），文学家兼经学家张惠言（1761~1802）等，也都从事过私人讲学、教授生徒的活动。值得注意的是，在他们当中,有的人很注重引导学生学习经世致用的实学。如颜元在博野杨村老家从事私学教育时,即要求学生学习有关军事、农业、水利等学问,并曾带领学生练习射箭。

这一时期,属于私学低级阶段的家塾以及民间私人所办的义塾、村学也很多。这类私学所用的蒙学教材,除了"三、百、千"(即《三字经》、《百家姓》、《千字文》)等书以外,还有清代新编的《弟子规》(李毓秀撰)、《御制百家姓》(康熙编)、《增订史韵》(仲弘道辑)、《童蒙观鉴》(丁有美编)、《鉴略》(王仕云编)、《唐诗三百首》(孙洙编)等。这类私学一般先有一个集中识字的阶段,然后教读蒙学教材与"四书"等。关于这类私学教学生读书的情况,清人郭臣尧在所写《村学》诗中,有很生动的描写:"一阵乌鸦噪晚风,诸徒齐逞好喉咙。赵钱孙李周吴郑,天地玄黄宇宙洪。《千字文》完翻《鉴略》,《百家姓》毕理《神童》。就中有个超群者,一日三行读《大》、《中》。"(《神童》即北宋汪洙所编《神童诗》,《大》、《中》则分别指"四书"中的《大学》与《中庸》)从这首诗中可以清楚地看到,当时村学之类的私学中,教学生读书的程序大体是:先教他们读《千字文》、《百家姓》;然后再教他们读《鉴略》与《神童诗》;至于学生中个别程度较高的,则可提前进入学习"四书"阶段。由于受到科举制度的影响,这类私学中的学生在读完"四书"、"五经"等书以后,还要学作八股文等。

3 鸦片战争前的清代书院

鉴于明末书院"群聚党徒"、"摇撼朝廷"的教训,清王朝最初对于书院采取的是一种极力抑制政策。进入康熙年间,伴随着清王朝统治秩序的渐趋稳定,清廷对书院的态度逐渐改变。当时,康熙皇帝曾向岳麓书院、白鹿洞书院等多所书院分别颁赐"御书"匾额与书籍,以示提倡、鼓励,从而有力地促进了书院的发展。到了雍正(1723~1735年)初期,由于雍正皇帝对书院的发展存有戒心,再度出现抑制书院发展的迹象。这种状况直到雍正十一年(1733年)才得以扭转。这年,清廷颁布谕旨,肯定书院有助于"兴贤育才",明令各省督抚(总督与巡抚)在各省省会建立书院,并各赐帑(音 tǎng)金(国库所藏钱币)作为经费。不足的部分,还允许于存公银内支用。这不仅意味着雍正皇帝对书院从抑制转为提倡,而且意味着清王朝开始从经济上对书院的发展给予支持。从此,清代书院进入了一个稳定发展的阶段。

从清初到鸦片战争前这个历史阶段,新建的著名书院有:建于顺治间的安庆培原书院(后改名敬敷书院),建于康熙间的扬州安定书院、鄞(音 yín)县证人书院、杭州紫阳书院、成都锦江书院、福州鳌峰书院、广州粤秀书院、苏州紫阳书院、奉天(今辽宁沈阳)萃升书院、台湾县(今台湾省台南市)海东书院、肥乡漳南书院,建于雍正间的江宁(今江苏南京)钟山书院、桂林秀峰书院、济南泺（音 luò）源书院、保定莲池书院、兰州兰山书院，建于乾隆间的北京金台书院、上海敬业书院、醴陵渌（音 lù）江书院、广州越华书院，建于嘉庆间的杭州诂经精舍、江宁尊经书院、苏州正谊书院、吉林白山书院、凤山凤仪书院、福州凤池书院，建于道光元年（1821年）至道光十九年（1839年）间的广州学海堂、上海蕊珠书院、江宁惜阴书院（初名惜阴书舍）等。原有的著名书院如白鹿洞书院、岳麓书院与衡阳石鼓书院、登封嵩阳书院、庐陵白鹭洲书院、铅山鹅湖书院、太原三立书院、武昌江汉书院、西安关中书院、杭州敷文书院（原名万松书院）、开封大梁书院、贵阳贵山书院、南昌豫章书院、长沙城南书院、昆明五华书院等，也都进行过修葺或重建。

这一时期，曾在书院讲学或担任主持人的著名人物有黄宗羲、陆世仪、李颙（音 yóng）、陆陇其（1630～1693）、颜元、张伯行（1651～1725）、全祖望（1705～1755）、卢文弨（音 chāo，1717～1795）、戴震、钱大昕（音 xīn，1728～1804）、姚鼐（1731～1815）、段玉裁（1735～1815）、章学诚（1738～1801）、洪亮吉（1746～1809）、孙星衍（1753～1818）、阮元（1764～1849）、李兆洛（1769～1841）等。

这一时期，书院最主要的特点是官学化十分严重。当然，这种情况主要发生在雍正十一年以后。一方面，清政府从经济上支持书院的发展，另一方面，也大大强化了对它的严密控制。这种官学化在书院组织管理方面的表现，主要有以下几点：一是雍正十一年（1733年）后，书院的主持人一般为地方官所延聘。清政府规定，延聘书院主持人，须经各省督抚、学政或府、州、县地方官慎重挑选，并对被延聘者定期进行考核，酌情予以奖励或提升，从而将书院主持人置于官府的绝对控制之下。二是乾隆以后，作为清代书院主要管理人员之一的监院（地位仅次于山长，负责院内总务，如书院职事与生徒的管理以及经费收支等），一般也由官府遴选、委任（大多命府、州、县学的教官兼任）。三是在乾隆以后，按照清政府的规定，书院生徒一般都要经过官府所主持的甄别，方能被录取入院肄业。其中，才识尤为出众者，准许院方向官府举荐。这说明，清政府对书院生徒的控制显著地加强了。

这一时期，书院的官学化在教学内容方面也有很突出的反映。由于清代科举制度盛行，特别是由于清廷在乾隆九年（1744年）曾明文规定，书院课试"以八股为主"（《钦定大清会典事例》卷395），所以，这一时期的大多数书院均以八股文即制艺为主要教学内容。从而使得书院与府、州、县学一样，也成为科举考试的预备场所。在这些书院中，主要的教学活动不是讲学，而是就所学八股文、试帖诗进行考课。清代书院的考课分为官课与师课两种，官课由地方官命题并主持，师课则由山长命题并主持。书院一般每月都要进行考课，称为月课。每个书院的月课次数不一。

每月两课的，官、师课各一次。有些书院除月课外，还有季课。

除了以八股文为主要教学内容的书院外，还有少数注重学术或学问传授的书院。这类书院主要有以下两种：

一是注重传习理学的书院，属于这种书院的有清初的东林书院、关中书院、嵩阳书院、鳌峰书院、姚江书院，以及歙县紫阳书院、休宁还古书院等。这些书院或以传习程朱理学为主，或以传习王守仁心学为主。多数书院都是以传习程朱理学为主。这些书院的主要教学活动是讲学，明代书院的讲学之风，在这些书院中依然颇为盛行。这些书院的讲会同明代一样，也是一种有固定会期、有组织的活动，这种书院主要出现于清初。清代中期以后，讲会便渐趋沉寂了。

二是注重肄习经史词章之学的书院，这种书院的出现与清代中期汉学的兴盛密切相关。清代汉学，又称朴学或清代古文经学，是主要从事训诂考据的经学派别，以其推崇东汉古文经学家许慎、郑玄之学而得名。这一学派在乾隆、嘉庆年间盛极一时，故又称乾嘉学派。这一学派中的不少学者都曾掌教于书院（如上面提到的卢文弨、戴震、钱大昕、段玉裁、孙星衍、阮元）。这些书院很自然地成为他们研究并传播汉学的基地。其中，由阮元先后创建的杭州诂经精舍与广州学海堂尤为著名，成为以传习经史词章之学为特色的汉学最高学府。这两所书院虽然进行考课，但前者考课的内容为十三经、"三史"疑义与小学、算法、词章等，后者的考课内容是"经学、史笔、词赋"，均非八股文、试帖诗那一套。尤其是阮元创建的两所书院，对清代道光（1821～1850年）以后的书院发展产生过深刻影响。

十三 清代的学校（下）

1840年鸦片战争后，由于外国资本主义势力的侵入，中国逐渐由封建社会变为半殖民地半封建社会，中国的学校教育也逐渐由传统的封建教育变为半殖民地半封建教育。从鸦片战争到1911年辛亥革命前这一历史时期，学校教育中最主要的变化是类似于西方的近代学校的陆续出现与近代学制的确立。

1 两次鸦片战争期间的学校

从1840年鸦片战争到第二次鸦片战争（1856～1860年）期间，中国的学校教育制度仍旧承袭着鸦片战争前的状况，传统的封建学校教育体系依然十分完备。这种体系的构成包括：京师国子监等中央官学，府、州、县学等地方官学以及书院与私学。实际上，传统的封建学校教育已日趋腐朽。清代的各级官学不过是科举制度的附庸，大多数书院与遍布民间的家塾、村学之类的私学，同样是科举制度的补充机构。道光三十年（1850年），御史麟光在其奏折中指出，当时的宗学、旗学等官学学生"勤学者少",除应付月课外,"多不入学"(《钦定大清会典事例》卷393)学习。还有人指出,当时的一般书院山长,只知"津津焉于科举文章,揣摩得失……而罕有反而求之于实学者"(戴钧衡《桐乡书院四议》)。显而易见,传统学校教育的这种状况,是不能适应鸦片战争后外侮日深的严峻形势的。

在传统的封建学校教育日益走向穷途末路的同时,国外资本主义势力在对中国进行军事、政治、经济侵略之外,也不断进行文化侵入。这一时期,一些外国传教士凭借《南京条约》等不平等条约的保护,纷纷来华传教、办学。

在鸦片战争前,外国传教士就已经开始到中国沿海一带从事传教、办学活动。嘉庆二十三年(1818年),英国伦敦会所派来华传教士马礼逊(R. Morrison,1782～1834)为向中国传教,在南洋的马六甲开设了一所英华书院。这是外国传教士在中国最早设立的一所教会学校。马礼逊死后,为了纪念他而成立的马礼逊教育协会于道光十九年(1839年)在澳门开办了一所小学,由美国传教士布朗(S. R. Brown,1810～1879)任校长。该校名为马礼逊学校。第一批学生只有6名,中国近代第一位留美学生容闳(音 hóng,1828～1912)就是他们当中的一个。道光二十二年(1842年),该校迁香港。第二年,英华书院也迁入香港。

除了以上两所创设于鸦片战争前的教会学校外,鸦片战争后的最初20年间,外国传教士在中国创办的教会学校还有一些,如道光二十四年(1844年),英国东方女子教育协进社派遣的女传教士爱尔德赛(Miss Aldersay)在浙江宁波创办的宁波女塾(这是外国传教士在华最早开办的一所女子教会学校);道光二十五年(1845年),美国基督教长老会在宁波创办的崇信义塾[该校后于同治六年(1867年)迁往杭州,改名育英义塾];道光二十九年(1849年),法国天主教耶稣会在上海创办的徐汇公学(又称圣依纳爵公学,该校是天主教在华最早开办的一所教会学校);咸丰三年(1853年),美国基督教公理会在福州创办的格致书院,等等。据统计,这一时期新办的教会学校约有50所,学生约有1000人。这类早期的教会学校一般规模都比较小,并且都属于小学程度。在教学内容方面,除开设《圣经》课外,也教授"四书"与自然科学知识等,以掩盖其进行文化侵略的本质。

这一时期,爆发于道光三十年十二月初十(1851年1月11日)的太平天国农民革命运动,从军事、政治、经济方面给予清王朝统治以沉重的打击,也与封建文化教育进行了尖锐的斗争。太平军起义初期宣布儒家经籍为"妖书",禁止阅读并予以焚毁,同时砸毁孔子牌位;太平天国定都南京后,设立删书衙,对儒家经籍进行删改等做法,都是对以儒学教育为核心的封建学校教育的猛烈冲击。不仅如此,太平天国在其所管辖的地区,还对传统的学校教育进行了改革。突出表现在:定都南京后颁布了《天朝田亩制度》,规定实行政教合一的教育制度,即由军政长官将成人与儿童集合到礼拜堂，通过教读《旧遗诏圣书》、《新遗诏圣书》（即旧约、新约《圣经》）、《真命诏旨书》进行教育，儿童每天听讲，成人每礼拜日听讲。这种礼拜堂实际上就是政教合一的学校。由于太平天国十分重视儿童教育，他们还在天京（今江苏南京）等地设有育才馆，招收各级干部的子弟或义子义弟（太平军自丞相至士兵均可收养民间儿童为义子义弟）入学学习，并实施了一种"带徒弟"的办法，由各级干部在实际斗争中对义子义弟言传身教，直接进行教育。他们还为儿童专门编有《幼学诗》、《三字经》、《御制千字诏》等童蒙教材。这类教材虽然袭用了儒家童蒙教材《神童诗》、《三字经》、《千字文》的形式，但却赋予了带有浓厚宗教色彩的农民革命内容。通过讲授这些教材，对儿童进行思想教育，并进行识字教育与生活常识教育等。

此外，太平天国的后期领袖洪仁玕不仅在所著《资政新篇》中主张学习西方资本主义国家的文化教育，奖励民间开设"学馆"，而且还对容闳有关推行西方资本主义国家的学校教育制度，以及设立各种实业学校、武备学校与海军学校的建议表示赞赏，并愿实行。他们这种向西方学习学校教育的主张，虽然没有来得及付诸实施，但在中国近代学校发展史上却具有重要的启蒙作用。

② 洋务运动时期的学校

第二次鸦片战争后，面对清王朝江河日下的局面，从统治集团内部分化出一部分主张引进资本主义生产与科学技术，以维护封建统治的洋务派。其主要代表人物有奕䜣（音 xīn）、曾国藩、李鸿章、左宗棠、张之洞等。自 19 世纪 60 年代至 90 年代，洋务派官僚举办了一系列洋务事业，史称"洋务运动"。

在学校教育方面，洋务派主张仿效西方学校，举办新式学堂。他们所创办的新式学堂可分为三种类型：一是外国语学堂。这类学堂有：同治元年（1862 年）创设的京师同文馆、同治二年创设的上海广方言馆、同治三年创设的广州同文馆、光绪十九年（1893 年）创设的湖北自强学堂等。二是军事学堂。这类学堂有：光绪七年（1881 年）创设的天津水师学堂、光绪十一年（1885 年）创设的天津武备学堂、光绪十三年（1887 年）创设的广州水陆师学堂、光绪十六年（1890 年）创设的江南水师学堂等。三是技术学堂。这类学堂有：同治五年（1866 年）创设的福州船政学堂、光绪六年（1880 年）创设的天津电报学堂、光绪八年（1882 年）创设的上海电报学堂、光绪十八年（1892 年）创设的湖北矿务局工程学堂、光绪十九年创设的北洋医学堂、光绪二十四年（1898 年）开办的南京矿务学堂等。

在这些学堂中，创办最早的是京师同文馆。

京师同文馆，又称同文馆。系由恭亲王奕䜣等奏请设立于北京、隶属于总理各国事务衙门（简称总理衙门）的外国语学校。其办学目的是培养外交翻译人才。最初只有英文馆。同治二年（1863 年），增设法文馆与俄文馆。后于同治十一年（1872年）与光绪二十二年（1896年），又分别增设德文馆与东文（日文）馆。在发展外语教学的同时，由于奕䜣等人的建议，同文馆于同治五年（1866年）增设天文算学馆，从而使这所原本以外文为主要学习内容的学堂演变为综合性学堂。

同文馆开创时只有学生10名，后来学生人数最多时达到120名。学生来源最初只限于年龄在十三四岁以下的八旗子弟。增设天文算学馆后，其学员的招生对象为满汉举人与恩、拔、岁、副、优贡生以及五品以下的京外官员，并规定，年龄在30岁以下。这样，同文馆学生的来源显著地扩大了。

在同文馆的课程中，外国语居于首要地位。自增设天文算学馆后，某些西方近代自然科学，如天文、算学、化学、物理、医学、生理等，也被列入课程。至于中文与经学的学习则贯彻始终。除了将"西文"与"西艺"引入课堂外，同文馆在施教方法上也效法西方，采用了班级授课制。馆内考试有月课、季考、岁考与大考。月课于每月初一举行，季考于二、五、八、十一月的初一举行，岁考于每年十月举行，大考每3年举行一次。大考成绩列入优等的，授予七、八、九品等官；列入劣等的则分别降革留馆。学生的学习期限一般为8年。但年龄较大，只学习自然科学的学生，5年即可毕业。

同文馆的教学工作，除中文一科由中国教师担任外，其他学科大都由外国人担任。以各馆初创时的第一任教习为例，除天文算学馆为中国数学家李善兰

(1811~1882) 任算学总教习外，其余各馆均为外国人。同文馆起初各馆分立，分馆教习，未设总管教务的总教习。直到同治八年（1869 年），始经任中国海关总税务司的英人赫德（R. Hart, 1835~1911）介绍，任命美国传教士丁韪良（W. A. P. Martin, 1827~1916）担任总教习，任职长达 25 年。同文馆的财务由赫德监管，并由赫德从海关拨付同文馆办学经费。馆中的外籍教习大多由赫德从海关税务司聘任。丁韪良曾经谈到：对于同文馆来说，"赫德算是父亲，我只是一个看妈"（《同文馆记》）。他的这句自述，形象地道出了同文馆受外国列强控制的事实。

正因为如此，同文馆的教学内容必然渗透着殖民主义的强权观点与宗教内容，同时，也十分注重中国传统封建礼教的熏陶。这就表明，同文馆的教育具有明显的半殖民地半封建的性质。但同文馆毕竟是中国近代第一所由官方按照资本主义教育模式建立起来的新式学堂，它打破了传统的封建学校教育模式，是区分中国古代学校与近代学校的界标，在中国学校发展史上有着一定的地位。

在创办新式学堂的同时，洋务派还开创了中国近代的留学教育。同治九年（1870 年），曾国藩采纳容闳的建议，与李鸿章联名奏请派遣学生赴美留学。次年，在上海设立了留美预备学堂。同治十一年，第一批官费留学幼童 30 名自上海乘船赴美。以后因修建京张铁路而闻名遐迩的中国著名工程师詹天佑就是他们当中的一员。这是中国近代历史上派遣官费生出国留学的开端。此后，从同治十二年（1873年）到光绪元年（1875年），清政府每年派30名幼童赴美留学。同一时期，由于洋务派官僚的奏请，清政府还派遣学生前往欧洲留学。光绪元年（1875年），福州船政学堂有5名学生被派赴英、法参观学习。光绪二年，天津的武弁、卞长胜等7人又被派赴德国学习水陆军械技艺。光绪三年，在福州船政学堂学习制造的学生14人、艺徒4人与学习驾驶的学生12人又被分别派赴英、法两国学习。在这批留学生中，有后来成为中国近代著名启蒙思想家的严复（1854～1921，时名严宗光），有在中日甲午黄海海战中英勇抗敌、壮烈殉国的林永升、黄建勋等。光绪七年（1881年）与光绪十二年（1886年），清政府又派出两届船政学生44名赴欧洲留学。

从19世纪70年代到90年代，在洋务派兴办新式学堂的同时，书院制度也进行了改革。清末书院改革肇端于光绪元年在上海建成的格致书院。这所书院除延聘西人教授化学、矿学外，还按期延请中西名人学士讲授"格致学理"即物理、化学等自然科学知识，并就洋务、西学与史论进行课试。由这所书院所树立的以讲求中西实学为特征的新式书院模式，对随后相继创设的以下新式书院产生了重要影响：光绪四年（1878年）创办的上海正蒙书院（后改名梅溪书院）、光绪五年创办的宁波辨志精舍、光绪二十二年（1896年）创办的泾阳崇实书院（初名格致实学书院）、光绪二十三年创办的杭州求实书院等。除了创建讲求中西实学的书院外,也对原有书院章程进行整顿变更,增加西学方面的教学内容等。如泾阳味经书院在光绪十一年(1885年)与光绪二十一年(1895年)分别设立求友斋与时务斋,增设天文、算学、化学、矿学与有关外国政治、历史、语言文字等项西学课程。实行类似做法的还有太原令德书院、武昌的两湖书院等。

从19世纪60年代到90年代以前,由于《天津条约》、《北京条约》等不平等条约的签订,外国列强愈发加紧利用教会学校进行文化侵略,因此,教会学校急剧增加。截至光绪二十五年(1899年),教会学校总数达2000所,学生约为4万人以上。这一时期,教会学校仍以小学为主。此时,基督教教会所办的中学增长较快,教会大学已开始出现。开办于这一时期的较为著名的教会学校有:同治三年(1864年),美国长老会传教士狄考文(C. W. Mateer, 1836~1908)夫妇在登州(治今山东蓬莱)设立的蒙养学堂[后于光绪二年(1876年)定名为文会馆];同治十年(1871年),美国基督教圣公会在武昌设立的文氏学堂[后于光绪十七年(1891年)改名为文华书院];同治十三年(1874年),法国耶稣会在上海设立的圣芳济书院;光绪五年(1879年),美国圣公会将原上海培雅书院与恩度书院合并设立的圣约翰书院;光绪七年(1881年),美国基督教监理会传教士林乐知(Y. J. Allen, 1836~1907)在上海设立的中西书院;光绪十一年(1885年),美国基督教美以美会在北京设立的怀理书院（后于光绪十四年改称汇文书院）；光绪十四年（1888年），美国长老会在广州设立的格致书院；同年，美国基督教传教士博罗（C. H. Fowler）在南京设立的汇文书院。

3 维新运动时期的学校

（1）维新派创办的新式学堂。光绪二十一年（1895年），甲午战争失败，宣告了洋务运动的破产。在民族危机空前严重的形势下，从19世纪70年代开始出现的早期资产阶级改良主义思潮，发展为救亡图存的维新变法运动。这次运动的领导者是以康有为（1859～1927）、梁启超（1873～1929）、谭嗣同（1865～1898）、严复等为首的维新派。他们的维新变法主张，代表了当时中国新兴民族资产阶级的利益和要求。为了传播维新思想，推进维新运动的发展，维新派十分重视学校教育。他们在维新运动中兴办了许多学堂，其中最负盛名的是万木草堂与时务学堂。

万木草堂系康有为于光绪十七年（1891年）创设于广州长兴里，后相继迁址于卫边街邝（音 kuàng）氏祠与广州府学宫仰高祠，戊戌变法失败后被封。学生起初不满20人，到光绪二十年（1894年）增至100多人。这所学堂以"激励气节，发扬精神，广求智慧"（梁启超《康有为传》）为办学宗旨，由康有为自任总教授、总监督，课程既有孔学、佛学、周秦诸子学、宋明理学、中国经学史、中国政治沿革得失、中国辞章学，也有西洋哲学、外国政治沿革得失、外国语言文字以及自然科学等。另外，还设有演说、体操、音乐、图画等学科，注重德、智、体、美多种教育的结合。康有为在讲学中，"每论一学，论一事，必上下古今，以究其沿革得失。又引欧美以比较证明之"（同上），使学生思路大开。除讲学外，这所学堂尤重自学。每个学生都有一本功课簿，凡读书有疑问或学有心得就写在上面，半个月呈缴一次，由康有为亲自批阅。还设有一本"蓄德录"，按照宿舍房间的顺序，依次传递，由学生每日录入几句古人格言、名句或"俊语"（妙语），以互相激励，也便于康有为了解他们的思想动态。所有这些，都对造就维新变法的人士起到了重要作用。事实上，这所学堂的优秀学生梁启超、麦孟华、徐勤等人，后来都成了参与维新运动的骨干力量。梁鼎芬在赠康有为的一首诗中写道："九流混混谁真派，万木森森一草堂。但有群伦尊北海，更无三顾起南阳。"可见康有为在万木草堂从事的讲学活动，在当时的社会上产生了深刻的影响，赢得了知识分子群的赞誉。

时务学堂系谭嗣同、黄遵宪等于光绪二十三年（1897年）十月创办于长沙，聘请梁启超、李维格任中、西文总教习，唐才常（1867～1900）等任分教习。教学内容中、西学并重。课程分为普通学与专门学两种。普通学包括经学、诸子学、公理学与中外史志及格（致）算（学）诸学的一般知识，凡初入学堂6个月以内的学生，人人均须学习；专门学则包括公法学、掌故学与格算学，学生进入学堂满6个月以后，每人各选一门，但仍须继续兼习普通学。教学方式除了上课讲授外，主要让学生每天写札记，由教师通过批答进行指导。梁启超任教期间，大力宣传维新变法思想，从而培养了一批人才。如蔡锷、林圭、范源濂等都是该学堂的高材生。

此外，在维新运动中兴办的著名学堂，还有张元济在严复支持下，于光绪二十三年（1897年）创办于北京的通艺学堂，谭嗣同等于光绪二十三年创办于浏阳的浏阳算学馆等。

（2）"百日维新"中的学校教育改革。光绪二十四年四月二十三（1898年6月11日），光绪帝采纳康有为、梁启超等维新派的主张，颁布《明定国是诏》，宣布变法，维新运动由此进入高潮。到同年八月初六（9月21日）慈禧太后发动政变为止，共历时103天，这就是历史上有名的"戊戌变法"、"百日维新"。"百日维新"期间，在维新派的影响下，光绪帝颁发了一系列除旧布新的改革法令。其中，有关学校教育改革的主要有：

在北京创办京师大学堂

戊戌变法前的光绪二十二年，李端棻（音 fēn）、孙家鼐（1827~1909）就曾相继奏请在京设立大学堂（李的奏折系梁启超代为草拟）。光绪二十四年初，王鹏运又重申此议，光绪帝当即予以批准。后来，在《明定国是诏》中，明确宣布举办京师大学堂，以此作为实行新政的重要措施之一。不久，梁启超受总理各国事务衙门的委托，借鉴日本与西方学制，并参酌本国情形，草拟《京师大学堂章程》上报。光绪帝随即委任孙家鼐为管学大臣，负责大学堂事务，命将原来所设的官书局与新设的译书局，都并入大学堂，校址设于景山东边的马神庙（原四公主府）。这所大学堂以"广育人才，讲求时务"为宗旨，在功课设置上，中、西学并重。其《章程》中规定，该学堂的课程分为普通学与专门学两类。普通学包括经学、理学、中外掌故学、诸子学、初级算学、初级格致学、初级政治学、初级地理学以及文学与体操10种，要求在3年内学完。与此同时，还要求兼习英、法、俄、德、日5种语言文字中的任何一种。专门学则包括高等算学、高等格致学、高等政治学、高等地理学与农学、矿学、工程学、商学、兵学、卫生学10种。学生学完普通学后，可学习其中的一门或两门。《章程》还规定，该大学堂实行大、中、小学三级体制，分列班次，使学生循级而升，并规定各省学堂均归京师大学堂管辖。从而使该大学堂除具有全国最高学府的性质外，还具有全国最高教育行政机构的性质。这所大学堂是中国近代最早的国立大学。戊戌政变后，所有新政均被废除，唯独这所大学堂未被取消，并于同年十一月正式开学，后于民国初年改为北京大学。

改书院为学堂

规定各省府、厅、州、县的大小书院，一律改为兼习中学、西学的学校。其中，要求将省会的大书院改为高等学堂，府城的书院改为中等学堂，州、县的书院改为小学堂。此外，对于地方上自行捐办的义学、社学等，也要求一律兼习中学、西学。至于民间祠庙不在祀典者，也要求一律改为学堂，并奖励各省绅民捐建学堂。

设立各种专门学堂

明令各省府、州、县"皆立农务学堂"。同时又规定，在已开通商口岸与出产丝茶省份，设立茶务学堂与蚕桑公院。此外，还下令筹设铁路、矿务、医学等学堂。

派遣留学生

命各省督抚从学堂中选派学生赴日本等国游学。

除上述外，在新政中，还有与学校教育关系极为密切的一项重要改革，即废除八股取士，改革科举制度。规定乡、会试与生童岁科各试，一律不用八股文，而改试策论。乡、会试仍定为三场：第一场考中国史事、本朝政治；第二场考时务，"专问五洲各国之政、专门之艺"；第三场考"四书"、"五经"。要求取士"均以讲求实学实政为主"，不得以楷法优劣定高下。此外，还谕令设"经济特科"，命三品以上京官与各省督抚、学政分别保荐人才，参加考试。

上述"百日维新"中的教育改革反映出维新派发展资本主义教育的愿望，是对封建传统教育的重大冲击。尽管这次改革因戊戌政变而夭折，但它产生了广泛影响，在一定程度上解除了封建传统教育思想对人们的束缚。

4 义和团运动后的学校

（1）清末新学制的确立。维新运动失败后，光绪二十六年（1900年）爆发了震惊中外的义和团反帝爱国运动。在这次运动被帝国主义列强与清政府联合镇压下去后，光绪二十七年（1901年），清政府与帝国主义列强签订了丧权辱国的《辛丑条约》。从此，帝国主义列强愈发加紧了对中国的控制与掠夺。与此同时，各地人民群众的反抗斗争此起彼伏。为了缓和人民群众的不满情绪，挽救自身摇摇欲坠的统治，清政府自光绪二十六年十二月初十（1901年1月29日）始，被迫实行所谓"新政"。在此之后，清政府相继颁布了一系列改革措施。其中，在学校教育方面，最主要的是建立新的学制。

自洋务运动以来，清政府虽曾设立了一些新式学堂，但一直没有建立新的学制。光绪二十七年八月初二（1901年9月14日），清廷下谕，命将各省府、州、县的书院一律改为学堂，并多设蒙养学堂，还规定各类学堂的教学内容均以"四书"、"五经"纲常大义为主，以历代史鉴及中外政治艺学为辅（《清德宗实录》卷486）。此后几年，各省又陆续兴办了一些新式学堂。这就使建立统一学制的问题愈发迫切地提上了日程。

清政府从光绪二十八年（1902年）开始着手建立新学制。这年七月十二，清廷颁布了由管学大臣张百熙（1847~1907）拟定的《钦定学堂章程》，亦即"壬寅学制"（按照传统的干支纪年，光绪二十八年是壬寅年）。该学制将学校分为3段7级：属于初等教育的蒙学堂4年，寻常小学堂3年，高等小学堂3年；

属于中等教育的中学堂4年；属于高等教育的高等学堂或大学预科3年，大学堂3年，大学院年限不定。此外，还有与高等小学堂平行的简易实业学堂，与中学堂平行的中等实业学堂、师范学堂，与高等学堂平行的高等实业学堂、仕学馆、师范馆。这个学制虽经颁布，但因不够完备，并未实行。

光绪二十九年闰五月初三（1903年6月27日），清廷命张百熙、张之洞与荣庆重新拟订学堂章程，于同年十一月二十六（1904年1月13日）颁布了《奏定学堂章程》，亦即"癸卯学制"（光绪二十九年是癸卯年）。该学制自公布之日起到宣统三年（1911年）清朝覆亡时为止，曾在全国范围内推行。它共分3段6级：属于初等教育的初等小学堂5年，高等小学堂4年（另设蒙养院，不在正式学制之内）；属于中等教育的中学堂5年；属于高等教育的高等学堂或大学预科3年，分科大学堂3~4年，通儒院5年。儿童从7岁入初等小学堂，到通儒院毕业，共需25~26年。与上述直系教育系统并列的，还有师范教育与实业教育两个系统。师范教育分两级：同中学堂平行的初级师范学堂为5年，同高等学堂平行的优级师范学堂为3年。实业教育分3级：同高等小学堂平行的是实业补习普通学堂、初等农工商实业学堂和艺徒学堂；同中学堂平行的是中等农工商实业学堂；同高等学堂平行的是实业教员讲习所与高等农工商实业学堂。此外，还设有属于高等教育阶段的进士馆（为新进士学习新知识而设）、译学馆等。

现将这一学制系统图示如下：

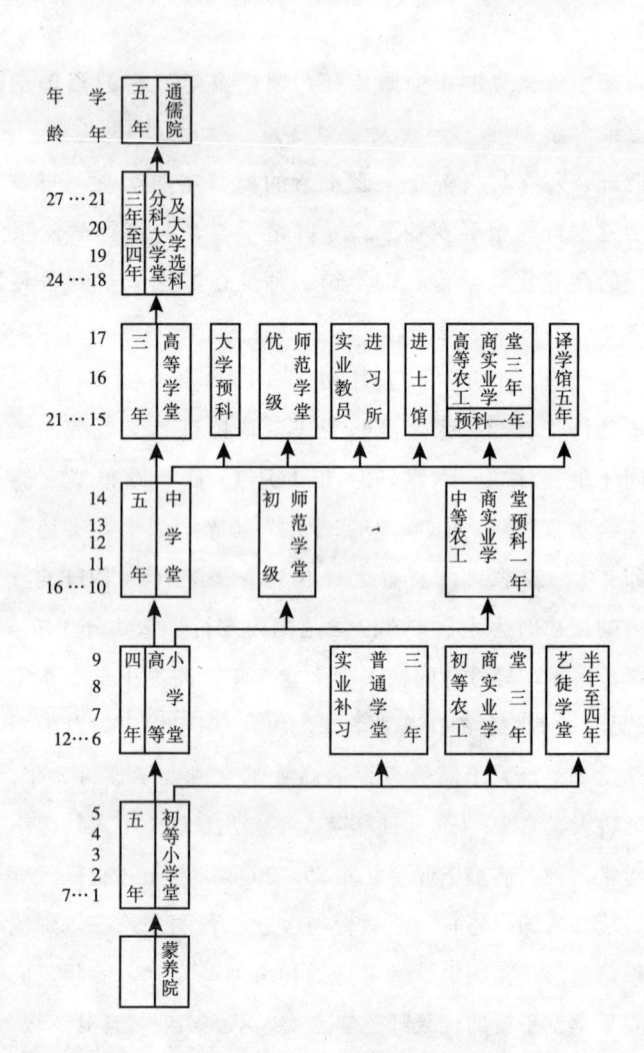

癸卯学制系统图

（采自《中国大百科全书·教育》卷）

这个学制是中国近代教育史上第一个以政府法令形式颁行的完备的学制，它包含着从小学到大学的完整体系，使全国分散的学堂形成为一个整体。它的颁

144

布与实施，标志着中国传统封建教育的瓦解与资本主义新教育制度在形式上的确立。不过，这个学制几乎完全抄袭日本学制，许多地方不切合中国实际。它在仿效资本主义学制的外表下，具有显著的封建性与半殖民地性。其封建性的主要表现有：其一，规定各种学堂"均以忠孝为本，以中国经史之学为基"，将封建忠君思想与儒家经典视为办学的根本。其二，在课程设置上，规定各级学堂都要把经学课程列为重点必修课，所占学时最多。其三，规定对各级各类学堂毕业生分别奖给相应的科举出身。其半殖民地性突出地表现在：该学制过分强调外语教育，把通晓外语视为解决中国各种政治问题的关键。该学制将实业教育纳入学校体系，虽然合乎时代的要求，客观上有益于科学技术的传播与中国新教育的发展，但有些专业的设置，在当时的历史条件下，实际上只是适应了列强与中国买办官僚举办厂矿企业等方面的需要。因此，这个学制意味着中国半殖民地半封建性质的学校教育制度的形成，是中国半殖民地半封建的政治与经济在教育领域中的反映。尽管如此，这个学制毕竟比原有的封建学校教育制度前进了一大步，使中国的学校教育进入到一个新的历史阶段，对以后学校制度的发展也有很大的影响。

这个学制颁布后，在实施过程中曾有过一些变更。如关于女子教育，癸卯学制中原无此项内容，后于光绪三十三年（1907年）正月，颁布《女子小学堂章程》与《女子师范学堂章程》，女子教育开始取得合法地位。自宣统三年（1911年）起，又允许初等小学男女合校，这是中国学校史上男女合校的发端。关于初等教育，原章程将初等小学堂分为完全科与简易科，修业期限均为5年。宣统元年（1909年），则将初等小学堂改分为五年制的完全科及四年制、三年制的简易科。次年，又将初等小学一律改为四年制。到宣统三年，中央教育会议又议决以四年小学教育为义务教育。关于中等教育，宣统元年曾仿效德国学制，把中学堂分为文科与实科。关于补习教育，自光绪三十一年（1905年）始，命各省设立半日学堂、平民补习学堂，专收贫寒子弟，且不拘年龄。宣统元年，又命设立专供年长失学与贫寒子弟无力求学者入学的简易识字学塾，从而使成人补习教育也得以开展起来。

此外，清政府在这一时期所推行的"新政"措施中，还有以下几项有关教育方面的重要举措。

废除科举制度

实现这一举措经历了三个步骤：一是光绪二十七年（1901年），清廷继戊戌变法后，再次下令废除八股，改试策论。这是就科举内容进行的改革。二是光绪二十九年十一月二十六日，清廷下谕：自光绪三十二年（1906年）起，按照管学大臣张百熙等所拟办法，将乡、会试中参试名额"逐科递减"（每年递减1/3）。这是一种渐废科举的办法。三是光绪三十一年八月，清廷下谕：自次年始，"所有乡、会试一律停止，各省岁科考试亦即停止"。自隋朝以来，实行

1300余年的科举制度至此终被废除。这是中国教育史上的一件大事，它标志着中国封建时代的旧教育制度在形式上已经完全告终。同时，有力地促进了当时新式学堂的兴办。

改革教育行政机构

在科举制度废除以前，清朝的中央教育行政工作一直由礼部兼管。伴随着新式学堂的发展与新学制的颁行，清政府于光绪三十一年（1905年）在中央设立学部，作为管理全国教育事业的最高行政机关，原归礼部管辖的国子监并入学部。学部的最高官员称尚书，其次为左、右侍郎，下设左、右丞，左、右参议，参事官，郎中，员外郎，主事等官。学部内设五司12科：总务司，下辖机要、案牍、审定3科；专门司，下辖专门政务、专门庶务2科；普通司，下辖师范教育、中等教育、小学教育3科；实业司，下辖实业教务、实业庶务2科；会计司，下辖度支、建筑2科。各司均由郎中1人总理司务。至于地方教育行政机关，清政府曾于光绪二十九年命各省建立学务处。光绪三十二年，又下令裁撤各省学政与学务处，改设提学使司，由提学使1人专管各省教育工作。提学使司内设学务公所，下分总务课、专门课、普通课、实业课、会计课与图书课6课。同时，又在省以下的各府、厅、州、县设劝学所，作为府、厅、州、县的教育行政机构。每所设总董1人，下分若干学区，各设劝学员，具体管理本区的教育工作。这样就形成了一套从中央到地方的完整的教育行政机构。

确定教育宗旨

清政府原来并没有统一的全国性的教育宗旨。中国近代正式颁布的教育宗旨，是光绪三十二年三月初一（1906年3月25日）由学部奉上谕公布的"忠君、尊孔、尚公、尚武、尚实"五项标准。学部在《奏请宣示教育宗旨折》中说，"忠君"、"尊孔"是"中国政教之所固有，而亟宜发明以距异说者"，明显地反映出维护中国传统的封建礼教，以"中学为体"的思想。该奏折同时又认为，"私"、"弱"、"虚"为中国最大的弊病，因而必须提倡"尚公、尚武、尚实"，即要求学生热爱清帝国，并学习军事与科学技术，以适应社会的需要。由此可见，这一教育宗旨所体现的是"中体西用"的精神，其性质属于半殖民地半封建的教育。

发展留学教育

清政府在实行"新政"过程中，还将派遣留学生提到十分重要的位置。光绪二十七年（1901年），清廷曾下谕，命各省一律派遣学生出国留学，所需经费由各省发给，学生学成归国后，准许"分别赏给进士、举人各项出身"。对自费留学毕业归国者，准许按照官费生一同"考验、奖励"。光绪二十九年，清廷所颁张之洞为留日学生拟订的《鼓励毕业生章程》中，又具体规定：对在日本普通中学堂、高等学堂及程度相等的各项实业学堂、大学堂、国家大学堂毕业的留学生，分别给予拔贡、举人、进士、翰林出身；对在日本国家大学院毕业，得有博士文凭者，除给予翰林出身外，还"予以翰林升阶"。正是由于清政府这种鼓励政策的推动，这一时期留学教育有了显著发展，特别是赴日留学逐渐形成高潮。据统计，到光绪三十二年（1906年），留日学生已高达1.2万名之多。

（2）清末的教会学校。义和团运动后，帝国主义列强感到只凭武力不可能征服中国，因而采取了"以华治华"的战略。他们力图培养出一批具有基督教精神并通晓西方文化科学知识的"高等华人"，作为自己的代理人掌握中国的领导权。为此，他们愈发重视在中国创办教会学校，并从以往以发展初等教育为主转变为侧重发展中高等教育，特别是致力于创办教会大学。加之，清政府对帝国主义列强深化教育侵略的方针不仅不予抵制、反对，反而极力配合，大开方便之门。所以，这一时期教会教育迅速发展，其中，中高等教育的增长尤为显著。

这时期，新建或就原有教会学校改制而设的著名教会大学有：

东吴大学。光绪二十七年（1901年），由美国基督教监理会将原分别设于苏州、上海的博习书院与中西书院合并而成，校址在苏州。先后在苏州与上海设有文理学院与法学院。

震旦学院。光绪二十九年（1903年），由天主教耶稣会创办于上海。后于1932年定名震旦大学。

圣约翰大学。光绪三十一年（1905年），由美国圣公会将原设于上海的圣约翰书院改制而设。

浸会大学。光绪三十二年（1906年），由美国基督教南、北浸礼会创办于上海。后于1915年改名沪江大学。

协和医学校。光绪三十二年（1906年），由英国基督教伦敦会创办于北京。后又有美国长老会、美以美会、内地会与伦敦教会医学会、英格兰教会参加合办。1915年定名私立北平协和医学院。

文华大学。宣统元年（1909年），由美国圣公会与英国循道会、伦敦会合办于武昌，系原文华书院改制而设。后于1924年并入武昌博文书院大学部与汉口博学书院大学部，成立华中大学。

金陵大学。宣统二年（1910年），由美国美以美会、基督会和长老会将原设于南京的汇文书院与宏育书院合并而成。

华西协合大学。宣统二年，由英国基督教圣公会、公谊会与美国基督教浸礼会、美以美会以及加拿大循道会将原设于成都的华西协合中学改制而设。

自义和团运动以来，随着中国人民反对帝国主义的爱国斗争日益深入，许多教会学校的学生也掀起了反对帝国主义奴化教育的斗争。例如：光绪三十一年，上海震旦学院学生因反对外国传教士的压制，愤而集体退学，另组复旦公学（即上海复旦大学的前身）。同年，上海清心书院与中西书院的学生因反对美国单方面修订《中美华工条约》，非法虐待华侨，一律罢课、退学。所有这些都表现出中国青年的民族气节。

（3）资产阶级革命派创办的新型学校。义和团运动后，在民族危机与人民群众反帝反封建斗争的推动下，中国资产阶级逐渐分化为革命派与改良派。以孙中山为首的资产阶级革命派掀起了资产阶级民主主义的革命浪潮。他们在从事革命斗争的过程中，也十分重视学校的作用，把学校视为宣传革命、集结革命力量、造就革命人才的重要场所。在义和团运动前，孙中山所写《香港兴中会章程》中，明确提出了"立学校以育人材"的主张。著名革命家邹容在光绪二十九年所写的《革命军》中，专门论述了革命教育对革命的重要性，主张通过革命教育培养出"革命之健儿，建国之豪杰，流血之巨子"。在这种思想的指导下，辛亥革命前，资产阶级革命派兴办了许多新型学校。如上海的爱国学社、爱国女学校，湖南的明德学堂，福建的侯官两等小学堂，安徽的安徽公学、崇实学堂、芍西学堂，浙江的大通师范学堂，贵州的私立寻常小学堂、乙巳小学堂、光懿女子小学堂，济南的山左公学等。其中，以爱国学社、爱国女学校与大通师范学堂最为有名。

爱国学社。光绪二十八年十月（1902年11月），该社创办于上海。这年三月，蔡元培（1868～1940）等在上海创立了革命派最早的教育团体——中国教育会。该会本拟自行创办学校，以培养革命人才。这年十月，上海南洋公学因校方压制言论自由而发生风潮，起因是，该校五班学生将墨水瓶放在一位思想顽固守旧的教师的座椅上，校方为此竟开除3名学生；后又以五班学生聚众开会为由，将他们一概开除，故而引起公愤，全校200余名学生决定同时退学（时称"墨水瓶风潮"）。退学学生为解决继续学习的问题，求助于中国教育会。于是,中国教育会特地举行会议,决定接受他们的请求,为他们开办学校。这就是爱国学社的由来。由于当时退学学生全部加入了中国教育会,而该会为他们所选派的教师又都是该会的成员,所以,这所学校称学社而不称学堂,学习者称学员而不称学生。这所学校公推蔡元培任总理,吴稚晖(1865~1953)任学监。教员有章炳麟(1869~1936)等。该社创办后,其他地方因受压制而退学的学生和意气相投的青年也纷纷前来入学,从而使该社声势大振。这所学校"重精神教育"(《爱国学社章程》),以向学员灌输民主主义思想为主要任务。校内分寻常与高等两级,肄业期限均为2年。寻常级设修身、算学、理科、国文、地理、历史、英文、体操8门课程;高等级第一学年设伦理、算学、物理、国文、心理、论理(逻辑学)、日文、英文、体操9门课程,第二学年设算学、化学、国文、社会、国家、经济、政治、法理、英文、体操10门课程。该社与官办学堂的显著区别是,师生可以"高谈革命,放言无忌"。学校还经常组织学生到张园公开演讲,宣传革命道理,并重视对学生进行军事体育教育,对师生投身于爱国运动与反抗清王朝的武装斗争起到了积极的推动作用。正因如此,这所学校自然引起了清政府的惶恐不安,被下令"随时惩办"。所以,开办不到一年,即被迫解散。

爱国女学校。该校由中国教育会蔡元培等人于光绪二十八年创办于上海。发起时间比爱国学社早些,开学则迟些。先由蒋智由（1866~1929）任总理，不久由蔡元培继任。教员有蒋维乔（1873~1958）等。该校以培养民主革命的女革命者为主旨。校内分预备科、普通科与特别科3级。预备科肄业期限1年，设国文、数学、历史、地理、理科浅说、绘图、体操、唱歌8门课程；普通科肄业期限2年，设国文、数学、历史、地理、博物（含地质）、卫生（含生理）、物理、化学、伦理、绘图、体操、唱歌、日文、英文14门课程；特别科肄业期限1年，设文明史、心理学、社会学、国家学、政治学、法理学、经济学、教育学、体操、英文10门课程。该校将军事体育教育置于重要地位，特别注重培养学生的勇敢精神和对她们进行军事技术的训练（如学习制造炸弹等），为辛亥革命培养了一批妇女革命骨干。爱国学社解散后，这所学校仍继续坚持办学，并一直延续到民国年间。

大通师范学堂。该校系由光复会成员徐锡麟（1873~1907）、陶成章（1878~1912）等于光绪三十一年在绍兴创办，初名大通学堂，徐锡麟任监督。后因徐锡麟去安徽从事革命活动，自光绪三十三年正月起，由杰出的女革命家秋瑾（1875~1907）任督办，主持教务。该校名义上是培养小学体育教师，实际则是浙江革命党人联络会党的总机关与培养军事干部的场所。所设课程有国文、英文、日文、舆地、历史、教育、伦理、理化、算术、博物、兵式体操、器械体操、琴歌、图画14门。其中，尤为重视军事体育，除常设的兵式体操、器械体操外，还有野外打靶、夜行军、爬山、泅水等项训练。该校全部活动以反清革命为中心，大部分学生都曾加入同盟会，成为一支重要的革命力量。光绪三十三年六月初，正当秋瑾积极准备与徐锡麟在浙、皖两地同时发动起义时，因徐锡麟在安庆提前起义失败，被清政府侦知此事，派兵将该校包围，秋瑾不幸被捕，于六月初六（7月15日）英勇就义于绍兴轩亭口。这所学校亦遭到封禁。

然而，清廷屠杀革命志士、封禁革命学校的倒行逆施并不能挽救它濒于覆亡的命运。1911年爆发的辛亥革命最终推翻了清王朝。伴随着1912年元旦南京临时政府的成立，清朝的学校史也随之结束。

结束语

从以上简略叙述的从夏代到 1911 年辛亥革命前中国学校教育发展中,我们可以得到如下一些认识:

(1) 约在公元前 21 世纪至公元前 17 世纪的中国第一个奴隶制王朝——夏朝时期,学校开始出现;西周时期,奴隶制学校教育已初步形成了一套学制系统与管理制度;春秋时期,与中国社会由奴隶制向封建制转变相适应,奴隶制的官学日趋衰落,私学则逐渐兴起;战国时期,随着封建制度的确立,私学获得了进一步发展。在私学充分发展的基础上,战国中后期出现了当时新兴地主阶级的官立学府——稷下学宫;秦代由于实行吏师制度,学校教育领域一度出现了历史的倒退。进入汉代以后,中国的封建学校教育制度得以初步形成。自魏晋以来,封建学校教育制度不断发展与完善。这种封建学校教育制度一统天下的局面一直延续到 1840 年的鸦片战争以前。1840 年以后,由于外国资本主义势力的侵入,伴随着中国逐渐由封建社会向半殖民地半封建社会转变,中国的学校教育也逐渐由传统的封建教育变为半殖民地半封建教育。这就是从夏代到辛亥革命前的 4000 年间，中国学校教育发展、演变的基本轨迹。

（2）中国的奴隶社会，由于奴隶主贵族垄断了学校教育，"学在官府"，官师不分，所以，只有官学而无私学。进入封建社会以后，学校教育就性质而言，主要分为官学与私学两大类。唐代以后，出现了一种特殊的教育组织形式——书院。作为教育组织的书院源自私学。在其长达千年以上的发展过程中，虽曾出现过或轻或重的官学化现象，但却始终独立于官学系统之外。这种由官学、私学与书院构成的封建学校教育模式，在 19 世纪 60 年代以后，因京师同文馆等类似于西方近代学校的陆续出现而被打破，自 1903 年癸卯学制颁行后，则被近代学制所取代。

（3）中国奴隶社会学校教育的内容主要是政治伦理教育与军事教育。封建社会学校教育的内容主要是儒学。自 19 世纪 60 年代以后，伴随着京师同文馆等近代学校的出现，外国的语言与西方文化科学技术则被引进课堂。中国的学校教育内容具有了与古代明显不同的特征。

（4）创立于隋代而完备于唐代、历时 1300 余年之久的科举制度，对中国学校教育的发展产生过十分重要的影响。这种影响既有积极的一面，也有消极的一面（主要是使官学沦为科举考试的预备场所和附庸），愈到后来，消极的影响愈加严重。

（5）在中国的学校教育发展史上，专科学校教育起步很早。东汉灵帝时，便创立了中国和世界上最早的专科性质的文学艺术大学——鸿都门学。南朝宋文帝时创立了4个类似于专科学校性质的学馆——儒学馆、玄学馆、史学馆与文学馆。隋代又创立了书学与算学。到了唐代，中国的专科教育有了显著发展，除设有律学、书学、算学与医学外，有些中央机关也兼具专科教育的性质。隋唐时期所设的算学与医学表明，中国在7世纪已建立了世界上最早的实科学校。宋代上承唐制，设有律学、书学、算学与医学，还增设了画学与武学。后来的元、明、清（鸦片战争前）三代，也都有专科学校设置。不过，伴随着中国封建社会的逐渐没落，自明代始，中国的专科学校教育基本上处于停滞状态。鸦片战争后，由于这种状况愈来愈不能适应时代的需要，所以，中国古代设置的专科学校势必被近代新式专科学校与新式大学（如京师大学堂）所代替。

（6）中国学校教育的发展是汉族与少数民族共同努力的结果。同时，中国学校教育的发展也促进了汉族文化与少数民族文化的相互吸收与融合。

（7）留学生教育是中国古代与近代学校教育的一种重要形式。它既包括外国学生来我国留学，也包括中国学生去外国留学。这种学校教育形式对于促进中外文化交流以及中国与其他国家人民之间的友谊起了重要的历史作用。

中国的学校教育在长期的发展过程中，积累了许多有价值的经验。如在学校教育制度方面，官学与私学互为补充，普通学校与专科学校同时共存；在课程安排方面，注意由浅入深，循序渐进；在教学方法方面，提倡因材施教，循循善诱，启发教学；在蒙养教材的编写方面，力求文字简炼，浅显易懂，音韵和谐，便于记诵，等等。

总之，源远流长的中国学校教育既是中华文明的重要组成部分，也是中华文明得以延续并不断发展的基石之一。它促进了中国各民族文化的相互融合，促进了中外文化的交流。它在长期的发展过程中保留下的丰富遗产至今仍可供后人批判地吸收。因此，学习和研究中国学校史，不仅可以增进对中华文明史全面、深入的认识，而且对搞好教育改革也有一定帮助。

参考书目

1. 周予同：《中国学校制度》，商务印书馆，1931。
2. 顾树森：《中国历代教育制度》，江苏教育出版社，1981。
3. 毛礼锐主编《中国教育史简编》，教育科学出版社，1984。
4. 毛礼锐、沈灌群主编《中国教育通史》第一至四卷，山东教育出版社，1985~1988。
5. 高时良：《中国教育史纲（古代之部）》，人民教育出版社，1993。
6. 董宝良：《中国教育史纲（近代之部）》，人民教育出版社，1990。
7. 陈元晖、尹德新、王炳照编著《中国古代的书院制度》，上海教育出版社，1981。
8. 郭齐家：《中国古代考试制度》，商务印书馆，1991。
9. 舒新城编著《近代中国留学史》，中华书局，1927。

《中国史话》总目录

系列名	序号	书名	作者
物质文明系列（10种）	1	农业科技史话	李根蟠
	2	水利史话	郭松义
	3	蚕桑丝绸史话	刘克祥
	4	棉麻纺织史话	刘克祥
	5	火器史话	王育成
	6	造纸史话	张大伟 曹江红
	7	印刷史话	罗仲辉
	8	矿冶史话	唐际根
	9	医学史话	朱建平 黄健
	10	计量史话	关增建
物化历史系列（28种）	11	长江史话	卫家雄 华林甫
	12	黄河史话	辛德勇
	13	运河史话	付崇兰
	14	长城史话	叶小燕
	15	城市史话	付崇兰
	16	七大古都史话	李遇春 陈良伟
	17	民居建筑史话	白云翔
	18	宫殿建筑史话	杨鸿勋
	19	故宫史话	姜舜源
	20	园林史话	杨鸿勋
	21	圆明园史话	吴伯娅
	22	石窟寺史话	常青
	23	古塔史话	刘祚臣

系列名	序号	书名	作者
物化历史系列（28种）	24	寺观史话	陈可畏
	25	陵寝史话	刘庆柱 李毓芳
	26	敦煌史话	杨宝玉
	27	孔庙史话	曲英杰
	28	甲骨文史话	张利军
	29	金文史话	杜勇 周宝宏
	30	石器史话	李宗山
	31	石刻史话	赵超
	32	古玉史话	卢兆荫
	33	青铜器史话	曹淑芹 殷玮璋
	34	简牍史话	王子今 赵宠亮
	35	陶瓷史话	谢端琚 马文宽
	36	玻璃器史话	安家瑶
	37	家具史话	李宗山
	38	文房四宝史话	李雪梅 安久亮
制度、名物与史事沿革系列（20种）	39	中国早期国家史话	王和
	40	中华民族史话	陈琳国 陈群
	41	官制史话	谢保成
	42	宰相史话	刘晖春
	43	监察史话	王正
	44	科举史话	李尚英
	45	状元史话	宋元强
	46	学校史话	樊克政
	47	书院史话	樊克政
	48	赋役制度史话	徐东升
	49	军制史话	刘昭祥 王晓卫

系列名	序号	书名	作者
制度、名物与史事沿革系列（20种）	50	兵器史话	杨毅 杨泓
	51	名战史话	黄朴民
	52	屯田史话	张印栋
	53	商业史话	吴慧
	54	货币史话	刘精诚 李祖德
	55	宫廷政治史话	任士英
	56	变法史话	王子今
	57	和亲史话	宋超
	58	海疆开发史话	安京
交通与交流系列（13种）	59	丝绸之路史话	孟凡人
	60	海上丝路史话	杜瑜
	61	漕运史话	江太新 苏金玉
	62	驿道史话	王子今
	63	旅行史话	黄石林
	64	航海史话	王杰 李宝民 王莉
	65	交通工具史话	郑若葵
	66	中西交流史话	张国刚
	67	满汉文化交流史话	定宜庄
	68	汉藏文化交流史话	刘忠
	69	蒙藏文化交流史话	丁守璞 杨恩洪
	70	中日文化交流史话	冯佐哲
	71	中国阿拉伯文化交流史话	宋岘

系列名	序号	书名	作者
思想学术系列（21种）	72	文明起源史话	杜金鹏 焦天龙
	73	汉字史话	郭小武
	74	天文学史话	冯时
	75	地理学史话	杜瑜
	76	儒家史话	孙开泰
	77	法家史话	孙开泰
	78	兵家史话	王晓卫
	79	玄学史话	张齐明
	80	道教史话	王卡
	81	佛教史话	魏道儒
	82	中国基督教史话	王美秀
	83	民间信仰史话	侯杰
	84	训诂学史话	周信炎
	85	帛书史话	陈松长
	86	四书五经史话	黄鸿春
	87	史学史话	谢保成
	88	哲学史话	谷方
	89	方志史话	卫家雄
	90	考古学史话	朱乃诚
	91	物理学史话	王冰
	92	地图史话	朱玲玲
文学艺术系列（8种）	93	书法史话	朱守道
	94	绘画史话	李福顺
	95	诗歌史话	陶文鹏
	96	散文史话	郑永晓
	97	音韵史话	张惠英
	98	戏曲史话	王卫民
	99	小说史话	周中明 吴家荣
	100	杂技史话	崔乐泉

系列名	序号	书名	作者
社会风俗系列（13种）	101	宗族史话	冯尔康 阎爱民
	102	家庭史话	张国刚
	103	婚姻史话	张 涛 项永琴
	104	礼俗史话	王贵民
	105	节俗史话	韩养民 郭兴文
	106	饮食史话	王仁湘
	107	饮茶史话	王仁湘 杨焕新
	108	饮酒史话	袁立泽
	109	服饰史话	赵连赏
	110	体育史话	崔乐泉
	111	养生史话	罗时铭
	112	收藏史话	李雪梅
	113	丧葬史话	张捷夫
近代政治史系列（28种）	114	鸦片战争史话	朱谐汉
	115	太平天国史话	张远鹏
	116	洋务运动史话	丁贤俊
	117	甲午战争史话	寇 伟
	118	戊戌维新运动史话	刘悦斌
	119	义和团史话	卞修跃
	120	辛亥革命史话	张海鹏 邓红洲
	121	五四运动史话	常丕军
	122	北洋政府史话	潘 荣 魏又行
	123	国民政府史话	郑则民
	124	十年内战史话	贾 维
	125	中华苏维埃史话	杨丽琼 刘 强
	126	西安事变史话	李义彬
	127	抗日战争史话	荣维木

系列名	序号	书名	作者
近代政治史系列（28种）	128	陕甘宁边区政府史话	刘东社　刘全娥
	129	解放战争史话	朱宗震　汪朝光
	130	革命根据地史话	马洪武　王明生
	131	中国人民解放军史话	荣维木
	132	宪政史话	徐辉琪　付建成
	133	工人运动史话	唐玉良　高爱娣
	134	农民运动史话	方之光　龚　云
	135	青年运动史话	郭贵儒
	136	妇女运动史话	刘　红　刘光永
	137	土地改革史话	董志凯　陈廷煊
	138	买办史话	潘君祥　顾柏荣
	139	四大家族史话	江绍贞
	140	汪伪政权史话	闻少华
	141	伪满洲国史话	齐福霖
近代经济生活系列（17种）	142	人口史话	姜　涛
	143	禁烟史话	王宏斌
	144	海关史话	陈霞飞　蔡渭洲
	145	铁路史话	龚　云
	146	矿业史话	纪　辛
	147	航运史话	张后铨
	148	邮政史话	修晓波
	149	金融史话	陈争平
	150	通货膨胀史话	郑起东
	151	外债史话	陈争平
	152	商会史话	虞和平
	153	农业改进史话	章　楷
	154	民族工业发展史话	徐建生
	155	灾荒史话	刘仰东　夏明方
	156	流民史话	池子华
	157	秘密社会史话	刘才赋
	158	旗人史话	刘小萌

系列名	序号	书名	作者
近代中外关系系列（13种）	159	西洋器物传入中国史话	隋元芬
	160	中外不平等条约史话	李育民
	161	开埠史话	杜 语
	162	教案史话	夏春涛
	163	中英关系史话	孙 庆
	164	中法关系史话	葛夫平
	165	中德关系史话	杜继东
	166	中日关系史话	王建朗
	167	中美关系史话	陶文钊
	168	中俄关系史话	薛衔天
	169	中苏关系史话	黄纪莲
	170	华侨史话	陈 民　任贵祥
	171	华工史话	董丛林
近代精神文化系列（18种）	172	政治思想史话	朱志敏
	173	伦理道德史话	马 勇
	174	启蒙思潮史话	彭平一
	175	三民主义史话	贺 渊
	176	社会主义思潮史话	张 武　张艳国　喻承久
	177	无政府主义思潮史话	汤庭芬
	178	教育史话	朱从兵
	179	大学史话	金以林
	180	留学史话	刘志强　张学继
	181	法制史话	李 力
	182	报刊史话	李仲明
	183	出版史话	刘俐娜

系列名	序号	书名	作者
近代精神文化系列（18种）	184	科学技术史话	姜　超
	185	翻译史话	王晓丹
	186	美术史话	龚产兴
	187	音乐史话	梁茂春
	188	电影史话	孙立峰
	189	话剧史话	梁淑安*
近代区域文化系列（11种）	190	北京史话	果鸿孝
	191	上海史话	马学强　宋钻友
	192	天津史话	罗澍伟
	193	广州史话	张　苹　张　磊
	194	武汉史话	皮明庥　郑自来
	195	重庆史话	隗瀛涛　沈松平
	196	新疆史话	王建民
	197	西藏史话	徐志民
	198	香港史话	刘蜀永
	199	澳门史话	邓开颂　陆晓敏　杨仁飞
	200	台湾史话	程朝云

《中国史话》主要编辑出版发行人

总策划	谢寿光	王 正	
执行策划	杨 群	徐思彦	宋月华
	梁艳玲	刘晖春	张国春
统 筹	黄 丹	宋淑洁	
设计总监	孙元明		
市场推广	蔡继辉	刘德顺	李丽丽
责任印制	岳 阳		